오늘 하루도 고생 많았다

일러두기
본문 성경은 개역개정, 표준새번역, 현대인의성경을 사용했습니다.

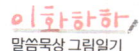

내 힘으로 문제를 해결하려 하고
주님을 전혀 의지하지 않는 모습이 반복됩니다

| | 글·그림 | 이화하하 |

오늘 하루도 고생 많았다

괜찮다

부끄러워서
못 일어나겠어요...

규장

은혜를 나누었을 뿐인데
받은 은혜를 세어 보니 제가 더 많이 받았습니다
이 모든 것, 주님의 은혜입니다

"네가 나와 함께한 모든 순간이
 내게 기쁨이란다"

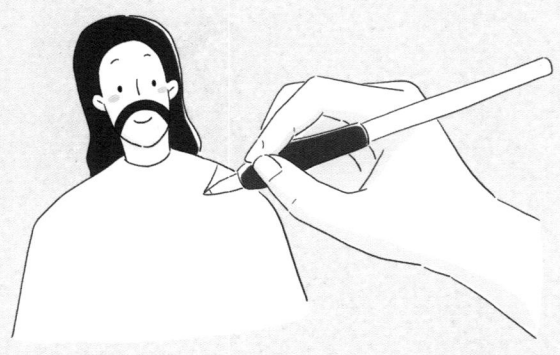

프롤로그

지인의 부탁으로 일주일에 한 번 말씀묵상 그림을 그린 게 시작이었습니다. 처음에는 제 의지라기보다는 의무와 책임감에 그렸어요. 그림을 그리기 위해 예배 때 주신 말씀을 정리했다가 은혜가 되는 부분을 그리는 식이었습니다. 그러다 보니 예배가 없는 날에는 묵상 노트에 쓸 내용이 없었지요.

이런 생각을 한 지 며칠 후, "네가 직접 하나님 음성을 들어봐"라는 말을 들었어요. "내 양은 내 음성을 들으며…"(요 10:27)라는 말씀도 떠올랐고요. 제 고민에 대한 해답이 하나님의 음성으로 다가왔습니다. 그때부터 성경을 더 깊이 묵상하며 예배 때만이 아니라 일상생활 곳곳에서 주님을 찾기 시작했지요.
그렇게 매일 조금씩 주님께 가까이 나아갔습니다.

그러자 말씀이 형식적으로 담긴 그림에서 제 삶의 이야기가 좀 더 녹아든 고백으로 바뀌었어요. 하지만 주님의 은혜로만 살아가는 모습보다 여전히 제 연약함이 드러나는 고백이 더 많습니다. 이렇듯 부족해도 제 삶에 함께하시는 주님과 나누는 행복한 시간을 기쁨으로 배워가는 중입니다.

"네가 나와 함께한 모든 순간이 내게 기쁨이란다!"

이화하하

프롤로그

PART 1

나와 함께하니 괜찮다

네 슬픔의 날이 끝날 것이라 11 • 난 왜 이렇게 고민이 많을까? 13 • 아무것도 하지 않은 날 18 • 아무것도 하지 않아도 괜찮아 21 • 진정한 안식 26 • 오늘, 은혜를 붙들고 살아갑니다 28 • 두려움이 설렘으로 30 • 여호와를 의지하면 안전합니다 32 • 잘하지 못해도 괜찮아 36 • 실수해도 괜찮아 39 • 매 순간 주님을 바라보기 48 • 깨닫는 은혜 50 • 어린아이처럼 내게 오렴 59 • 모든 인생을 살피시는 분 62 • 괜찮다 66 • 주님의 마음으로 채우는 시간 74 • 내가 기도하는 이유 76 • 내가 너를 사랑한다 78 • 간절한 기도 86 • 내 영이 목마를 때 88 • 전부를 내어드리는 것 90 • 나는 죄인입니다 96 • 십자가 은혜만이 102 • 내 마음의 빈 집 104 • 수고했어, 오늘도 108 • 이미 내 안에 있는 기쁨 111 • 감사로 채우는 하루 114 • 문제가 나를 덮지 못합니다 116 • 깨지지 않는 영원함 118 • 어디서나 찬양합니다 120

PART 2

두려워하지 말고 믿기만 하렴

난 이미 행복한 사람입니다 125 • 같이 걸어가자 128 • 내가 그림을 그리는 이유 130 • 하나님의 시간 133 • 바라봄의 대상 136 • 그래도 그 길을 갈 수 있겠니? 142 • 정답은 알 수 없지만 147 • 말 안 듣는 아이 150 • 두려워하지 말고 믿기만 하라 154 • 주

차례

님만 따라가면 됩니다 164 • 믿음의 걸음 166 • 나는 왜 예수님을 믿을까? 168 • 말씀에서 찾는 답 173 • 진짜 믿음 177 • 그 이름 예수 그리스도 180 • 온전한 믿음 184 • 아버지의 마음 186 • 그저 신뢰하며 걸어갑니다 189 • 은혜를 세어보다 195 • 조금은 자유롭게 197 • 작은 빛을 따라 200

PART 3

오늘 더 사랑하렴

전부를 주신 사랑 205 • 작은 헌신의 씨앗 하나 207 • 생명의 빛 210 • 빛의 자녀 212 • 사랑해야 기억합니다 214 • 작은 소원 218 • 더 사랑하겠습니다 223 • 그 사랑 때문에 229 • 두려움이 가득할 때 232 • 나를 살게 하는 힘 238 • 함께한다는 것 241 • 함께 나누는 은혜 244 • 아름다운 하모니 248 • 사실 내 것이 아닙니다 250 • 흘러감의 통로 253 • 단단한 세 겹줄 256 • 여호와 닛시 260 • 은혜 아니면 살 수 없습니다 265 • 무릎으로 가는 나라 269 • 영원한 것과 헛된 것 272 • 네 힘을 빼렴 276 • 친밀한 관계 281 • 기억, 흘러가는 구름 284 • 삶의 예배 290 • 재미가 아니라 기쁨 292 • 기도 제목 294 • 하나님의 큰 그림 297 • 축복의 통로 300 • 감사의 이유 302

PART
1

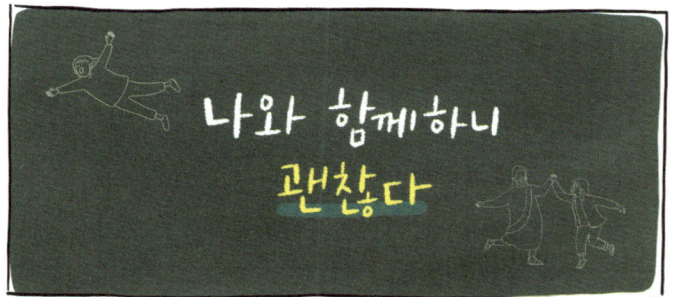

나와 함께하니
괜찮다

네 슬픔의 날이 끝날 것이라

오직 여호와가 네게 영원한 빛이 되며
네 하나님이 네 영광이 되리니
다시는 네 해가 지지 아니하며
네 달이 물러가지 아니할 것은
여호와가 네 영원한 빛이 되고
네 슬픔의 날이 끝날 것임이라

이사야 60:19,20

해는 더 이상 낮을 밝히는 빛이 아니며,
달도 더 이상 밤을 밝히는 빛이 아닐 것이다
오직 주께서 너의 영원한 빛이 되시고,
하나님께서 너의 영광이 되실 것이다
이사야 60장 19절

난 왜 이렇게 고민이 많을까?

은혜를 누리며 살지만
동시에 많은 걱정을 안고 살아갑니다.

천진난만한 아이들은 큰 걱정 없이 살아갑니다.
부모라는 든든한 버팀목이 있기 때문이죠.
하지만 어른이 될수록
취업, 건강, 결혼, 돈, 집 등 복잡한 문제가 늘어납니다.

내가 해결할 수 있을 것 같고,
해결해야만 할 것 같은 상황에서
버팀목의 자리에 내가 서게 됩니다.
인생의 주인이 내가 되면서
모든 염려와 걱정은 온전히 내 몫이 되지요.

내가 인생의 주인이 되었을 때
그 문제를 해결할 수 있었나요?
내 계획대로 살아갈 때 정말 행복했나요?

어렸을 때만 부모의 울타리 안에 머무는 게 아니라
우리 인생 전체에 전능하신 하나님이
내 아버지가 되셔야 합니다.

먹을 양식이 떨어져도,
가진 것이 없어도 염려하지 않는 이유는
하나님이 내 아버지가 되시기 때문입니다.

오늘 있다가 내일 아궁이에 던져지는 들풀도

하나님이 이렇게 입히시거든

하물며 너희일까보냐 믿음이 작은 자들아

그러므로 염려하여 이르기를

무엇을 먹을까 무엇을 마실까 무엇을 입을까 하지 말라

마태복음 6:30,31

이 말이 당장 믿기지 않더라도
내 인생의 주인 자리에서 내려와
하나님만이 주인 되심을 고백해봅니다.

"하나님이 다 해결해주실 거야."

단지 무책임한 고백이 아니라
허락된 자리에서 전심으로 살아가는 믿음으로
주님을 신뢰하는 걸음을 내디뎌봅니다.

나의 하나님이 그리스도 예수 안에서
영광 가운데 그 풍성한 대로
너희 모든 쓸 것을 채우시리라

빌립보서 4:19

내 자리에서 믿음으로 살아낼 때,
하나님의 풍성한 은혜를 경험하고
그분을 더 깊이 알며
온전히 주님 때문에 사는 자로 변하겠지요.

어려운 상황에 놓여도 언제나 감사합니다.
해결될 것 같지 않은 문제들로 인해
주님을 더욱 신뢰하게 될 테니까요.

내 인생의 주인
예수 그리스도

무엇을 걱정하느냐
내가 너의 하늘 아버지란다

아무것도 하지 않은 날

아무것도 하지 않고
마냥 쉬는 시간을 가져보았습니다.
재충전의 시간을 보낸 건 맞지만
사실 여러 가지 마음의 부담으로
휴식이 아닌, 다가올 일을
모른 척 외면한 시간이었습니다.

글도 잘 써야 할 것 같고,
새로운 느낌의 그림도 찾아야 할 것 같아서요.
잘 해내야 한다는 부담을 누구도 주지 않았는데
저 혼자 다른 사람을 의식하며 얽매여버렸습니다.
정작 주님은 제게 아무런 부담도
주지 않으시는데 말이지요.

그래도 쉬면서 얻은 은혜의 교훈이 있습니다.
'아무것도 하지 않으면
아무 일도 일어나지 않는다'는 것이지요.

그래서 오늘은 아무거나 해보았습니다.
그냥 날것 그대로!

우리 오늘은 정말 아무거나
해보면 어떨까요?
평소 해보고 싶었던 것이나
어떤 일이든 그냥 한번 해봐요.

아무것도 하지 않아도 괜찮아

앞으로 할 일을 계획합니다.
하나님이 일하시더라도
내가 다해야 할 최선은 있으니까요.

아무것도 하지 않으면
아무 일도 일어나지 않기에
열심히 해보려고 했습니다.

그런데 이게 무슨 아이러니일까요.
이번에 주신 말씀은
'아무것도 하지 않아도 괜찮다'는 것입니다.

'아무것도'를 사이에 두고
'해야 한다'와 '하지 않아도 괜찮아'가 대립합니다.

그러나 괜찮다고 해주시는 말을 들으니
온몸에 긴장이 풀리며 평안해졌습니다.

사람이 마음으로 자기의 길을 계획할지라도
그의 걸음을 인도하시는 이는 여호와시니라
잠언 16:9

우리 삶의 주인은 내가 아니라 주님이십니다.
주님이 말씀하신 일에
기쁨으로 행하는 것이 청지기의 삶이듯
주님의 뜻보다 앞서면 안 됩니다.

아무것도 하지 않으면
아무 일도 일어나지 않는다.

이 말의 전제 조건이 있었습니다.
그 일을 하는 주체가
내가 아니라 주님이 되셔야 한다는 것.

내일에 대한 염려 없이 지낸 그때처럼
네 힘으로 하려 하지 말고
내가 주는 평안과 안식을 누리며
기쁨으로 걸어가렴.
아무것도 하지 않아도 괜찮아.
네가 아니라 내가 할 거니까.

"아무것도 하지 않아도 괜찮아"

네가 하는 게 아니라 내가 할 거니까
네가 할 일은 언제나 나와 함께하는 거란다

진정한 안식

우리에게 쉼은
다시 나아갈 힘을 얻기 위한
재충전의 시간입니다.
참된 안식은 하나님과 바른 관계일 때만
누릴 수 있습니다.

몸과 마음이 편히 쉴 때
아무것도 하지 않고 누워만 있는 건
그저 쉬는 것일 뿐,
주께로 나아가는 게 진정한 안식입니다.

어제까지 잘 쉬었나요?
쉬고 나서 마음이 천근만근 무거워졌나요?
아니면 쉼을 얻고 세상을 향해 발을 내디뎠나요?

사실 후자처럼 사는 건 쉽지 않아요.
하지만 주님 안에서 진정한 안식을 누렸다면
새로운 힘으로 하루를 시작할 수 있을 것입니다.

오늘, 은혜를 붙들고 살아갑니다

너는 알지 못하였느냐? 너는 듣지 못하였느냐?
주님은 영원하신 하나님이시다.
땅끝까지 창조하신 분이시다.
그는 피곤을 느끼지 않으시며,
지칠 줄을 모르시며, 그 지혜가 무궁하신 분이시다.
피곤한 사람에게 힘을 주시며,
기운을 잃은 사람에게 기력을 주시는 분이시다.
비록 젊은이들이 피곤하여 지치고, 장정들이 맥없이 비틀거려도,
오직 주를 소망으로 삼는 사람은 새 힘을 얻으리니,
독수리가 날개를 치며 솟아오르듯 올라갈 것이요,
뛰어도 지치지 않으며, 걸어도 피곤하지 않을 것이다.

이사야 40:28-31

피곤한 오늘을 버티게 해준 말씀입니다.

아무리 바빠도 아침에 눈을 뜨면
습관적으로 큐티(Q.T.)를 합니다.
시간에 쫓기듯 할 때가 더 많고
반쯤 감긴 눈으로 겨우 읽을 때도 있지만
그래도 그때그때 주시는
은혜를 붙들고 살아갑니다.

오직 여호와를 앙망하는 자는
새 힘을 얻으리니
독수리가 날개치며 올라감 같을 것이요
달음박질하여도 곤비하지 아니하겠고
걸어가도 피곤하지 아니하리로다
이사야 40장 31절

두려움이 설렘으로

아이들을 가르칠 때가 종종 있습니다.
제 약함 중에 하나,
가르치는 일이 두렵습니다.
그래서 아이들을 만나러 가기 전에는
되도록 기도하고 출발합니다.

기도를 하고 나면
조마조마 두려운 마음이
두근두근 설렘으로 바뀝니다.
두려움과 설렘은 한 끗 차이입니다.
둘 다 마음이 두근대고 떨리지만
그 일을 바라보는 내 마음은 정반대입니다.

나를 보면 두렵지만
주님을 바라보면 설렙니다.
두려움이 설렘으로 바뀌고
그 설렘은 어느새 기쁨으로 변합니다.

두려움과 설렘은 한 끗 차이입니다
둘 다 마음이 두근두근하는 건 똑같아요
하지만 그 일을 바라보는 내 마음은 정반대죠

여호와를 의지하면 안전합니다

저는 성향상 사람들 앞에 서는 것을
별로 좋아하지 않아요.
더욱이 그 앞에서 이야기를 하라면
머릿속이 온통 하얘집니다.
예전 같으면 하지 않을 이유를 찾았겠지만
요즘은 주님께 먼저 여쭤봅니다.

중고등학생들을 만나
일러스트레이터로 살아가는 제 이야기와
이 직업에 대해 이야기하며 꿈을 나누는 시간을
거절할 이유가 없었지요.

꿈이 뭔지 몰라 헤맸던
제 청소년 시절 아픔을 나누고
그들의 이야기를 들어주는 것만으로도
충분히 의미 있는 시간이기 때문입니다.

단지 거절하고 싶은 이유는
제 안의 두려움 때문이었지요.
사람들 앞에 선다는 두려움과 잘해야 한다는 부담감.
몇 년 전부터 아이들을 만나왔는데
여전히 그 앞에 서면 긴장이 됩니다.

아무것도 하지 않으면 아무 일도 일어나지 않아!

주님이 주신 말씀이라는 걸 너무나 잘 알기에
부담이 가득하지만 제 생각대로 거절하지 않고
주님과 함께 가는 길을 택했습니다.

이런 부담과 두려움이 버겁지만
왠지 저를 계속 따라다닐 것 같습니다.
이런 마음이 없다면 주님을 의지하지 않고
제 힘으로 혼자 해나갔겠지요.
늘 긴장과 두려움의 연속이지만
오늘도 주님과 함께하는 설렘이 되길 소망합니다.

누군가에게 강한 인상을 주려는 노력도
다른 사람의 판단을 두려워하는 마음도
중요하지 않음을 배워갑니다.

사람을 두려워하면 올무에 걸리지만
여호와를 의지하면 안전하니까.

내 이야기에 누군가는 졸고 떠들지만
또 누군가는 열심히 들어주니까.

그 자리에서 최선을 다하며
주님을 신뢰합니다.

잘하지 못해도 괜찮아

사람들 앞에만 서면 두근두근
제 차례가 다가오면
심장이 터질 것만 같습니다.

남들처럼 말을 잘하고 싶고
제 생각을 제대로 표현하고 싶습니다.
스피치 훈련을 받거나 수없이 반복하면
그렇게 될 수는 있겠지요.
저 역시 아이들을 가르치면서
나아진 부분이 분명히 있습니다.

하지만 초등학생 때부터 지금까지
사람들 앞에서 여전히 떨리는 걸 보면
제 기질 중 하나인가 봅니다.

잘하지 못해도 괜찮아
네 마음이 진심이면 그걸로
충분하단다

주눅이 든 제 모습에
'다른 사람들이 나를 어떻게 생각할까' 신경도 쓰이지만
이런 제 마음을 아시고
주님이 따뜻한 위로를 건네십니다.

잘하지 못해도 괜찮아.
네 마음이 진심이면 그걸로 충분하단다.

여전히 심장은 쿵쾅거리고
무슨 말을 해야 할지 몰라 머리가 새하얘질 때
말을 잘하려는 노력보다 내 마음에 집중해봅니다.
화려한 겉모습보다
내 마음의 중심이 무엇을 향하는지.

그래서 말을 잘 못해도
진심을 나누는 사람이고 싶습니다.

실수해도 괜찮아

《슬로처치》에 이런 이야기가 나옵니다.

"창조를 하나의 드라마라고 하면,
이는 창조를 하나님, 인간, 창조된 세상이
함께 말하고 행동하는
하나의 공연이라고 간주하는 것이다.
성경은 대본이 있는 영화보다는 즉흥극에 더 가깝다."

우리 인생 역시 각본 없는 드라마,
매일의 즉흥극과 같습니다.
그렇다면 무대 공포증을 가진 저는
매일이 얼마나 두려울까요?

배우들이 대본 없는 즉흥극에서
두려움을 이겨내고 공연할 수 있는 이유는,
오랜 연습을 통해 다져진
자신과 상대 배우를 믿기 때문이라고 합니다.

그리고 즉흥극의 가장 큰 장점은
실수가 용납된다는 것입니다.
돌발 상황이 일어나더라도 창의적인 방법으로
그 상황을 극복해나갈 수 있습니다.
이것은 서로 깊은 신뢰가 있을 때
가능한 일입니다.

저는 하나님이 창조하신 세상이라는 무대,
대본 없는 즉흥극 무대 위에 있습니다.

'그렇다면 구원의 드라마 속에 있는 나는
하나님과 깊은 신뢰가 있는가?
내가 두려운 이유는 무엇이지?'

제 삶의 무대를 돌아보면
신뢰 대상을 의지하기보다
내 계획과 최선이 늘 앞서 나갔습니다.
무엇보다 실수하지 않고 잘하려고 했지요.

배우들이 대본 없는 즉흥극에서
두려움을 느끼지 않고 공연할 수 있는 이유는
오랜 연습을 통해 다져진
자신과 상대 배우를 믿기 때문입니다

머릿속에는 완벽한 대본이 필요했고,
제대로 해내지 못하면 실패라고 단정지었지요.
앞의 책에서 인간의 본성은
하나님의 뜻을 따르기보다
자신과 자신의 욕망을 지키는 방향으로
계획하는 경우가 많다고 말합니다.
이런 모습 이면에는 불안과 불신이 늘 자리하기에
보이지 않으면 믿을 수가 없습니다.

창세기를 묵상하면서
믿음의 조상 아브라함도
하나님의 약속을 믿고 가나안 땅에 왔지만
백 세에 아들을 얻기 전까지는
의심하고 넘어지기를 수없이 반복했습니다.
이렇듯 우리 안에 신뢰가 없으면
불안과 불신만이 자리할 뿐입니다.

그리고 즉흥극의 가장 큰 장점은
실수가 용납된다는 것입니다

저는 하나님을 향한 전적인 신뢰가 없었습니다.
무대 위에 늘 혼자 서 있었고
실수에 대한 염려가 가득했습니다.

그런데 완벽한 대본이 없는 즉흥극 인생이라면
이제 부담을 덜어도 되지 않을까요?
우리가 실수해도 괜찮은 이유는,
하나님께서 그 모든 상황을 어떻게든
극복하게 하실 것이기 때문입니다.

이와 같이 성령도 우리의 연약함을 도우시나니
우리는 마땅히 기도할 바를 알지 못하나
오직 성령이 말할 수 없는 탄식으로
우리를 위하여 친히 간구하시느니라
마음을 살피시는 이가 성령의 생각을 아시나니
이는 성령이 하나님의 뜻대로 성도를 위하여 간구하심이니라

우리가 알거니와 하나님을 사랑하는 자
곧 그의 뜻대로 부르심을 입은 자들에게는
모든 것이 합력하여 선을 이루느니라

로마서 8:26-28

성령이 충만한 자는
언제나 주님과 합력하여 선을 이룹니다.

실수해도 괜찮습니다.
주님을 신뢰한다면
그분이 내 연약함을 반드시 도우시고,
주님의 영광이 더욱 나타나게 하실 테니까요.

돌발 상황이 일어나도
창의적인 방법으로 그 상황을
극복할 수 있습니다

실수를 해도 괜찮은 이유
서로 깊은 신뢰가
쌓여 있기 때문입니다

매 순간 주님을 바라보기

매 순간 주님을 바라봅니다.

내 익숙함의 자리는 어디인가요?
내 연약함이 나타나는 자리는 어디인가요?

저는 그림을 그리는 자리가 익숙합니다.
그렇게 되기까지 많은 노력을 했지만
제 노력만으로는 이 자리에 올 수 없었습니다.

제 연약함의 자리는 사람들 앞에 설 때,
누군가를 가르쳐야 할 때입니다.
제 힘으로는 어쩔 수 없는 두려움의 자리이기에
늘 주님을 의지해야 했습니다.
뒤돌아보면 주님이 하셨다는
고백밖에 할 수 없습니다.

그런데 제 익숙함의 자리에는
주님의 얼굴이 가려져 있었습니다.

익숙한 내 자리에서
더욱 주님을 바라봅니다

깨닫는 은혜

은혜에 한 걸음 다가갔지만
또 어느 순간 은혜에서 멀어졌습니다.
빙글빙글 돌며 반복되는 제자리걸음 같지만
그래도 희망은 아주 조금씩
앞으로 나아간다는 것입니다.

내 힘으로는 할 수도 없고
그렇게 살 수도 없는 존재임을 깨닫자
회개할 것밖에 없었습니다.

제가 자랑할 건 하나도 없었습니다.

은혜로 사는 줄 알았는데
다시 육신을 따라 사는 옛사람의 모습에
결코 의로울 것 하나 없는 자임을 깨닫게 하시고
엎드려 은혜를 구하게 하십니다.

그리고 값없이 받은 은혜 속에서
자랑할 건 오직 십자가밖에 없음을 깨닫습니다.

은혜로 살아가려 해도
옛사람의 모습이 문득문득 올라오지만
그때마다 그 모습을 버리고
다시 은혜의 옷을 입겠습니다.

그러므로 이제 그리스도 예수 안에 있는 자에게는
결코 정죄함이 없나니
이는 그리스도 예수 안에 있는 생명의 성령의 법이
죄와 사망의 법에서 너를 해방하였음이라
로마서 8:1,2

죽음도 삶도 그 어떤 피조물도
너를 나의 사랑에서 끊을 수 없다.
그러니 나의 사랑을 다시 힘입어
믿음의 자리로 나아가렴.

은혜에 한 걸음 다가갔지만
또 어느 순간 은혜에서
멀어져 있습니다

뱅글뱅글 돌며
반복되는 제자리걸음 같지만

그래도 희망은
아주 조금씩 앞으로
나아간다는 것입니다

그러나 결코 내 힘으로는 할 수도 없고
그렇게 살아갈 수도 없는 존재임을 깨닫자

회개할 것밖에 없었습니다

은혜로 사는 줄 알았는데
다시 육신을 따라 사는 옛사람의 모습에

결코 의로울 것 하나 없는 자임을
깨닫게 하셨습니다

주님께 엎드려 은혜를 구하며
값없이 주신 은혜 속에서
자랑할 것은 십자가밖에 없음을 깨닫습니다

다시
붙잡을게요...

은혜로 살아가려 해도
여전히 내 옛사람의 모습이 올라오지만
그때마다 옛사람의 모습을 버리고

다시 은혜의 옷을 입겠습니다

어린아이처럼 내게 오렴

어른이 될수록
거짓말쟁이가 되어갑니다.
좋은 것도 싫은 것도 표현하지 않고
가면을 씁니다.

다른 사람의 시선에 더욱 신경을 쓰지요.

체면, 외식하는 모습.
때론 다른 사람들의 인정이 필요해서
이것저것 재고 따지기 일쑤입니다.

세상의 눈치를 보는 어른들에게,
어릴 적 순수하게 예수님의 말씀에 "아멘" 했듯
세상보다 하나님의 말씀 앞에 무릎 꿇는
어른이 되길 바라봅니다.

어린아이들이 내게 오는 것을 용납하고 금하지 말라
하나님의 나라가 이런 자의 것이니라…
하나님의 나라를 어린아이와 같이 받아들이지 않는 자는
결단코 거기 들어가지 못하리라

누가복음 18:16,17

어린아이처럼 나에게 오렴
어린이들이 내게로 오는 것을 허락하고, 막지 말아라
하나님의 나라는 이런 사람의 것이다

모든 인생을 살피시는 분

최근에 성경 공부 교재 일러스트 작업을 하면서
두 가지 건물을 그렸습니다.

하나는 사람이 땅에서 위를 올려다보는 시선으로
서로 높이를 경쟁하듯 하늘로 솟은 건물,
다른 하나는 하나님이 땅을 내려다보시는 시선으로
아무리 높아도 결국 네모에 불과한 작은 건물이었지요.

이 땅에서 아무리 대단한 사람일지라도
하늘에서 보면 작은 점과 다를 바 없는 존재입니다.
그러나 많은 이들은 이 땅이 전부인 것처럼
여전히 더 높아지기 위해
자기만의 바벨탑을 쌓으며 살고 있습니다.

그런데 하나님은 아무것도 아닌 존재인 우리를
하늘에서 지켜보고 계십니다.

여호와께서 하늘에서 굽어보사 모든 인생을 살피심이여
곧 그가 거하시는 곳에서 세상의 모든 거민들을 굽어살피시는도다
시편 33:13,14

주님의 눈은 주님을 경외하며
한결같은 사랑을 사모하는 사람들을 살펴보시고,
그들의 목숨을 죽을 자리에서 건지시며
굶주릴 때 살려주십니다(시 33:18,19).

그 은혜를 누리는 우리는
이 땅에서 하는 모든 일을
내가 더 높아지기 위함이 아니라
내 마음이 하나님께 더 가까이 닿기 위해 합니다.
그렇게 주님을 바라며 기다립니다.

주님의 높고 위대하심을
내 영혼이 찬양하네

주님의 높고 위대하심을
내 영혼이 찬양하네

괜찮다

하나님께는 한 사람의
과거나 현재 모습이 중요하지 않습니다.
어떤 모습이든지
내가 약하고 용서받지 못할 죄인일지라도
주님은 찾아오셔서 말씀하십니다.

나를 따르라.

하지만 저는 자꾸 같은 문제에 넘어집니다.
또다시 주님을 놓치고 혼자 달려 나갑니다.
주님과 '동행'하기 원하지만
같은 문제에 계속 부딪히며 넘어집니다.

매일 주님 곁에 있고 싶지만
연약함투성이입니다.

그런데 넘어져 있는 제게
주님은 말씀하십니다.

괜찮다.

세상의 가벼운 위로의 말이 아닙니다.

나는 네가 넘어질 것도 알고
네 약함도 잘 알고 있단다.
그러니 다시 내 손을 잡으렴.
나와 함께하니 괜찮다.
다시 일어나자.

내 힘을 빼고 다시 주님을 바라봅니다.
기도가 더 하고 싶어집니다.

또다시 주님을 놓치고
혼자 달려 나갑니다

뭐가 그리 급한지
주님께 물어볼 여유도 없이
내 생각, 내 계획대로
달려 나갑니다

주님과 동행하는 삶을 살겠다 고백하지만
결국 내 힘으로 문제를 해결하려 하고
주님을 전혀 의지하지 않는 모습이 반복됩니다

이 문제로 자꾸만 넘어지는 나에게
주님은 질책하지 않으시고
오히려 내 힘이 빠지길
기다려주셨습니다

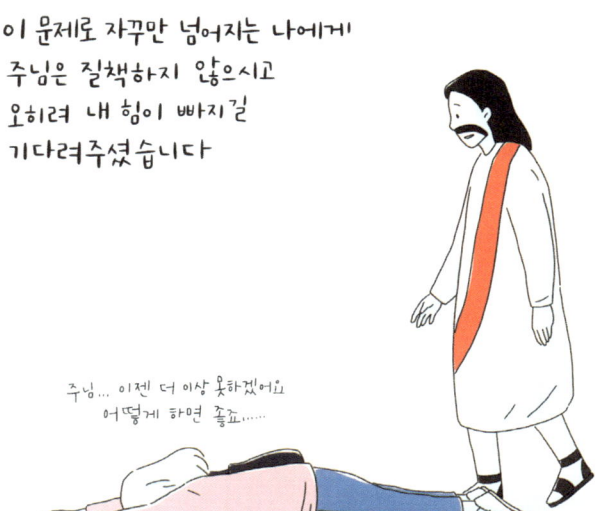

주님... 이젠 더 이상 못하겠어요
어떻게 하면 좋죠......

그리고 이렇게 넘어져 엎드려 있는 나에게
"괜찮다" 말씀하십니다
세상의 가벼운 위로가 아닌...

"내가 너 넘어질 것도 알고,
이미 너의 약함도 알고 있단다
그러니까 다시 나의 손을 잡으렴
나와 함께하니 괜찮다
다시 일어나자"

주님의 마음으로 채우는 시간

잠시 하던 일을 내려놓습니다.
해야 할 건 많고 시간은 부족한데
그냥 멈추고 싶어졌어요.

어제는 마음의 여유가 없어서
불편한 하루를 보냈습니다.
늦은 밤,
'괜찮지 않아도 괜찮다'라는 말씀이
마음을 위로합니다.

그리고 자연스럽게
기도가 하고 싶어졌습니다.
내 마음을 비우고
주님의 마음으로 채우는
시간이 필요합니다.

잠시 눈을 감고
주님의 손길을 기다립니다.

내가 기도하는 이유

지금껏 참 많은 기도 응답을 받았습니다.
그렇게 많은 응답과 기적에도
어느 순간 응답이 없으면 하나님을 원망합니다.

시간이 지나고 나서야
'응답받지 못한 것도 응답'임을 알았습니다.
계획대로 되지 않아 낙심한 순간이 있었지만
그때마다 주님의 함께하심을 깨닫게 하셨어요.

눈에 보이는 축복을 넘어서
그 모든 과정을 통해
'믿음'이라는 큰 선물을 주셨습니다.
그래서 상황이 어떻든
주님을 더욱 바라볼 수 있었습니다.

제가 기도하는 첫 번째 이유는
응답받기 위해서가 아닙니다.
기도를 통해 하나님과
친밀한 관계를 누리는 것입니다.

내가 너를 사랑한다

어떤 조건에 따라
네 가치가 달라지는 게 아니란다.
네가 이룬 업적이나 행동의 결과물은
시간이 흐르면 변할 거고
사람들의 평가도 매번 달라질 거야.

그러나 네 존재 가치는 결코 변하지 않는단다.
네가 내 사랑하는 자녀라는 건 변함이 없지.

겉모습만 바라보는 사람들의 시선에 휘둘리지 말고,
언제나 네 참된 가치를 인정하는
내 시선에 마음을 둘 수 있겠니?

누가 뭐라 해도 내가 너를 인정한다.
온 만물을 지은
내가 너를 사랑한다.

나이를 한 살 한 살 먹을수록
주변이 더 신경쓰이기 시작했습니다

또래 친구들의 모습을 보며
아직도 제자리인 내가
초라하게 느껴질 때가 많았습니다

나도 모르게 남과 비교하며
자존감이 낮아졌습니다

어느 날 목사님 말씀을 통해
하나님의 음성을 들었습니다

"너의 눈에 슬픔이 가득하구나
내가 너를 사랑하는데
왜 슬퍼하느냐
너는 나의 사랑하는 자녀다
내가 너를 사랑한다"

갑자기 눈물이 나왔습니다

내 슬픔의 이유,
남과 비교하여 자존감이 낮아졌던 것은
남들의 시선과 나의 평판이 중요했기 때문입니다

사람들의 인정을 받고 싶었습니다

남들과 비교했던 내 모습
하지만 주님은 이런 나를 사랑한다고 하십니다

이따금씩 비교하는 마음이 들 때면
내가 어떤 존재인지 되돌아봅니다

온 세상을 지으신 주님이 나를 사랑하신다는 그 말을
다시 마음에 새겨봅니다

간절한 기도

기도하고 낙심하지 말 것은,
하나님께 부르짖는 자녀를 그분이
결코 내버려두지 않으시기 때문입니다.

몇 년을 기도해도 달라진 게 없고,
기도하는 것조차 의미 없다고 생각될 때도
여전히 문제 앞에서 기도할 수 있는 건
그분이 포기하지 않는 믿음을 주셨기 때문입니다.

간절히 주 앞에 엎드립니다.

주님, 저를 불쌍히 여기소서.
저는 죄인입니다.

기도하고 낙심하지 말 것은
나에게 나와 부르짖는 자녀를
결코 내버려두지 않기 때문이다

내 영이 목마를 때

혹시 마음이 지쳐 있다면,
하나님의 일을 한다지만
내 영이 메마른 것 같아
아무것도 할 수 없는 상황이라면

하나님의 은혜를 부어달라고 기도하세요.
내 목마름을 주님의 은혜로 적셔달라고요.

다시 기쁨으로 충만하게,
내 기쁨이 하나님의 기쁨이 되어
주님으로 인해 다시 살아나면
내 모든 것이 아버지의 영광이 될 거예요.

너희가 내 이름으로 구하는 것은,
내가 무엇이든지 다 이루어주겠다.
이것은 아들로 말미암아
아버지께서 영광을 받으시게 하려는 것이다.
요한복음 14:13

전부를 내어드리는 것

친구와 편의점에서 만나 잠깐 이야기를 나누는데,
하나님의 은혜가 가득한 시간이었습니다.
새로운 길을 가는 친구를 응원하며
친구의 고백 중 일부를 나누어봅니다.

"스무 살이 되던 해,
주님이 내게 찾아와 물으셨어.
'네 모든 걸 줄 수 있겠니?'
그리고 십여 년 동안
주님께 내가 드릴 수 있는
좋은 것과 좋은 열매만 드려야 한다는
생각과 마음으로 가득 차 있었고
그것을 향해서만 달려갔지.

그렇게 달리다 지쳐 잠시 멈췄을 때,
주님이 다시 찾아와 말씀하셨어.
'네 모든 걸 줄 수 있겠니?
그 모든 것은 좋은 것만이 아니라
네 약함과 아픔, 상처까지 포함한단다.
네 모든 걸 내게 주렴.'"

이제야 하나님의 마음을 알았습니다.
모든 것이란
내 전부를 내어드리는 것임을.

내가 가진 건 이것밖에 없네...

이건 나의 약함이니까 아무도 모르게 덮어놓자

그리고 내가 가진 최고의 것으로 준비해야지

그 모든 것은 좋은 것만이 아니라
너의 약함과 아픔
상처까지도 포함이란다

너의 모든 것을 다 내게 주렴

나는 죄인입니다

교회에서 흔히 듣는 말,

"나는 죄인입니다."

누군가는 정말 용서받을 수 없는 죄인이었다가
주님의 사랑과 용서로 거듭나서
죄인임을 진심으로 고백하겠지만,
또 누군가는 '내가 왜 죄인이지?' 하고
의문이 들 수 있습니다.

저는 후자였습니다.

'예수님의 사랑은 따뜻하고
이미 나를 친구로, 자녀로 불러주셨다는데
왜 굳이 죄인이라는 표현을 써야 하나?'

좀처럼 받아들이기가 쉽지 않았습니다.

하지만 복음을 알고 나서
십자가를 조금 깨달았습니다.
여전히 부족하고
머리로는 다 이해할 수 없을지라도
이제는 마음으로 고백하는 말,

'나는 죄인입니다.'

죄인임을 고백하는 데
내 마음이 거북했던 이유는
스스로를 의인이라고 여겼기 때문입니다.
그러나 사람에게서는
결코 선한 게 나올 수 없습니다.

여호와께서 사람의 죄악이 세상에 가득함과

그의 마음으로 생각하는 모든 계획이 항상 악할 뿐임을 보시고

창세기 6:5

베드로도 자신이 예수님의 제자인 것을
알아보는 사람들 앞에서
두려워 부인하고 그 자리를 피했습니다 (막 14:68).

'내 잘못이나 연약함이 드러나면 어쩌지?
이 죄가 드러나면 내 위치는 어떻게 될까?'

잘못될까 봐 자기 죄를 덮어버리는,
나를 이기적으로 사랑하는 잘못된 자기애.

'나는 왜 이렇게 죄인일 수밖에 없는가!'

불편한 말씀이었지만 말씀이 나를 비추자
제 어둠이 하나씩 드러나기 시작했습니다.

실수와 연약함투성이입니다.
여전히 말씀대로 살지 못합니다.

아무리 굳게 다짐을 해도
운동은 내일로 미루는 게 편하듯
익숙한 방향으로 끌려갑니다.
우리를 계속해서 끌어당기는 죄의 힘은
우리 힘으로 온전히 끊어낼 수 없습니다.

죄인이라고 인정하기를 거부하는 제게
부활절의 의미를 깨닫는 은혜가 부어졌습니다.

사람이 의롭게 되는 것은 율법의 행위로 말미암음이 아니요
오직 예수 그리스도를 믿음으로 말미암는 줄 알므로
우리도 그리스도 예수를 믿나니
이는 우리가 율법의 행위로써가 아니고
그리스도를 믿음으로써 의롭다 함을 얻으려 함이라
율법의 행위로써는 의롭다 함을 얻을 육체가 없느니라
갈라디아서 2:16

내 힘으로는 결코 의인이 될 수 없습니다.
여전히 나만 사랑하고 두려움에 붙들려 사는 저를,
주님은 십자가 사랑으로 이미 작정하셨습니다.

내가 너를 끝까지 사랑하기로 작정했다!

제가 죄인임을 인정하지 않을 수 없었습니다.
주님의 말씀 앞에 무릎을 꿇자
비로소 내 의는 사라지고
주님의 영광만이 나타났습니다.
내가 죽어야만 주님이 드러납니다.

십자가 앞에 오직 주님만 드러나시길 소망합니다.

십자가 은혜만이

어둠이 걷히고 아침 해가 뜨는 것처럼
내가 너의 빛이 될 거란다.

온전한 죽음 뒤에 부활이 있듯
십자가로 나아간 내 죽음이
너와 네 가족의 영혼을 살린단다.

내 십자가가 너와 네 가정을 살릴 것이다.

어둠이 걷히고 아침 해가 뜨는 것처럼
내가 너의 빛이 될 거란다

"나의 십자가가
 너와 네 가정을
 살릴 것이다"

내 마음의 빈집

자기 전에 하루를 정리하며
그날의 일과를 일기처럼 적어봅니다.

어느 일기의 한 부분입니다.

"그냥 흘러가는 시간을 보면
마음이 조금은 초조해지기도 한다.
무엇을 해야 할까?
그럴수록 더 말씀을 듣고 읽고 묵상하는
새로운 습관으로 채우자."

다음날 아침에 큐티를 하는데
더 악한 일곱 귀신의 이야기가 나옵니다.
귀신이 사람에게서 나갔는데 갈 곳이 없자
나갔던 사람에게로 돌아갑니다.
청소가 되어 있는 집에
더 악한 일곱 귀신을
데리고 들어갔다는 말씀입니다(눅 11:24-26).

마음의 빈집이 얼마나 위험한지,
그리고 마음을 무엇으로 채워야 하는지
다시 한번 일기를 보았습니다.

'말씀으로 내 마음을 채우자.'

혼자 있다 보면 생각이 많아지고
생각은 꼬리에 꼬리를 뭅니다.
'육신의 생각은 사망'(롬 8:6)이라는 말씀처럼
우리 안에서 나오는 생각은
대체로 선한 것이 없습니다.

내 마음의 빈틈이 얼마나 위험한지 봅니다.
틈틈이 공격해오는 우울감과
잘못된 자아 연민을 보며 고백합니다.

'내 마음이 빈집이었고,
예수님이 내 마음의 주인이 아니셨네요.'

언제부턴가 특별한 일이 없으면
말씀이나 찬양을 틀어놓습니다.
그러다 보면 생각이 말씀으로 연결되어
더욱 충만해집니다.

말씀을 묵상하고 주님과 동행하다가도
때로 넘어지지만 다시 말씀으로 일어나
새날을 시작합니다.

항상 기뻐하라
쉬지 말고 기도하라
범사에 감사하라
데살로니가전서 5:16-18

내 마음이 빈집이 되지 않도록
오늘 하루도 기뻐합니다.
사단이 생각을 공격해올 때마다
시선을 주님께 돌리고 기도합니다.
주어진 상황을 보지 않고
함께하시는 주님을 바라보며 감사를 고백합니다.

수고했어, 오늘도

오랜만에 버스를 타고 집에 왔습니다.
아침부터 빡빡한 일정을 소화하고 나니
끝났다는 안도감에 몸이 늘어졌습니다.

눈을 감고 잠시 쉬는데
오늘도 열심히 살았다는 게 행복했습니다.
잘하고 못하고를 떠나서
오늘 하루도 열심히 살았습니다.

사실 아무 일이나 한다고 해서
이루고 싶은 일을 다 이루는 건 아니지요.
사람이 마음으로 자기 앞길을 계획해도
그 발걸음을 인도하시는 분은 주님이시니까요(잠 16:9).

하나님의 계획 안에 있어야 하는데,
그 뜻을 구한다고 해서 SNS 메시지가 오듯
바로 알려주시는 것도 아니고
뜻을 알 때까지 기다릴 수만은 없으니까요.

그래서 기도하며 묻고
주어진 하루를 열심히 살았습니다.

오늘 하루
잘하지 않아도 괜찮아요.
실수도 하고 조금 못나도 괜찮아요.
기도했다면 내일은 더 나을 거예요.

오늘 하루도 고생 많았다.

이미 내 안에 있는 기쁨

나는 언제 기쁘지?
나는 무엇으로 행복하지?

많은 사람이 행복을 찾습니다.
"행복해져라, 행복해져라."
주문처럼 외우기도 하지요.
잠깐 힘이 날지도 모르지만
진정한 행복은 밖에 있지 않습니다.

밖에서 찾는 행복은 영원하지 않으며
쉽게 사라져버립니다.
기쁨은 이미 내 안에 있습니다.

그들은 하루 종일 주의 이름과 의 때문에
기뻐하고 즐거워합니다.
주는 그들의 영광과 힘이시며 사랑으로
우리의 힘을 북돋아주는 분이십니다.
시편 89:16,17

영원한 것, 변하지 않는 것,
그 행복과 기쁨은
내 안에서 찾을 수 있단다.
세상이 잠깐 주는 기쁨을 좇지 말고
내 이름과 의로 인해 기뻐하고 즐거워하렴.

내 안에서 항상 기뻐하라.
내가 다시 말하노니 기뻐하라.

감사로 채우는 하루

하루를 마무리하고 집으로 돌아오는 길,
오늘 하루가 다 좋았던 건 아니지만
무사히 마쳐서 감사했습니다.

계획대로 하루를 시작하지 못했고,
수업하면서 지치기도 했지만
다시 힘이 나기도 했습니다.

오늘의 순간들을
감사로 채워봅니다.

오늘 하루 감사합니다.
그럼에도 감사하고,
그럴수록 감사하고,
그러니까 감사하고,
그래서 더 감사합니다.

오늘 하루 감사합니다
그럼에도 감사
그럴수록 감사
그러니까 감사
그래서 더 감사합니다

문제가 나를 덮지 못합니다

파도가 아무리 높아도
바다는 이 땅을 덮지 못합니다.
문제가 홍수처럼 밀어닥쳐도
결코 나를 뒤덮지 못합니다.

바다의 한계를 정해두신 분.
주님은 나의 피난처,
나를 지켜주시는 분,
나를 보호하시는 분입니다.
내가 할 일은 오직 소리 높여
주의 구원을 노래하는 것입니다.

경건한 사람이 고난을 받을 때에,
모두 주님께 기도하게 해주십시오.
고난이 홍수처럼 밀어닥쳐도, 그에게는 미치지 못할 것입니다.

시편 32:6

바다의 경계가 정해져 있듯
그 어떠한 고난도 결코 너를 넘지 못할 것이다

깨지지 않는 영원함

진정한 행복을 얻기 위해
거짓 행복은 깨어집니다.
깨지는 과정이 아프고 힘들지만
영원한 것을 바라보며 견뎌봅니다.

하나님은 영원토록 동일하십니다.
고난 속에서 함께 아파하며
여전히 저를 붙들고 계신
주님을 저도 붙잡습니다.

영원하지 않은 거짓은 무너지고
영원한 주님의 영광만이 드러날 것입니다.

예수 그리스도는 어제나 오늘이나 영원토록 동일하시니라

히브리서 13:8

진정한 행복을 얻기 위해
거짓 행복은 깨어집니다

영원하지 않은 거짓은 무너지고
영원한 주님의 영광만이 드러날 것입니다

어디서나 찬양합니다

할렐루야!
새 노래로 여호와께 노래합니다.

성도들은 영광 중에 즐거워하며
그들의 침상에서 기쁨으로 노래합니다.

내가 있는 곳 어디서나
주님을 찬양합니다.

호흡이 있는 자마다 찬양할지어다.

PART
2

두려워하지 말고
믿기만 하렴

당신은
행복한가요?

난 이미 행복한 사람입니다

오랜만에 두 명의 지체를 따로 만났는데
그 둘의 고백이 동일했어요.

"나는 행복하게 지내고 있어요."
"저는 지금도 행복해요."

환경이나 상황이 달라진 게 없고
여전히 취업 준비생인데
그들의 행복은 밖에 있지 않고
그 안에 있었습니다.

"예수님 한 분만으로 나는 만족합니다."

찬양으로 수없이 고백해온 말인데….
정말 그렇게 사는 사람이 얼마나 될까요?
저도 주님만으로 만족하고
늘 행복하다는 고백은 하지 못했습니다.

단기선교로 간 인도에서는 그저 행복했지만
다시 현실로 돌아와서는 일상에 쫓기는 삶을 살았지요.
그렇지만 주위 사람을 통해 다시금 일깨워주십니다.

'난 이미 행복한 사람이구나.'

나더러 주님에 대해 말하라면
'하나님은 나의 주님,
주님을 떠나서는 내게 행복이 없다' 하겠습니다.
시편 16:2

나는 행복합니다

같이 걸어가자

주와 같이 길 가는 것 즐거운 일 아닌가.
우리 주님 걸어가신 발자취를 밟겠네.

긴 하루를 마무리하기 전,
책상에 앉았다가
갑자기 떠오른 찬송가 한 구절.
저도 모르게 가사를 흥얼거리다
입가에 미소가 번졌습니다.

그렇게 한 걸음 한 걸음
주 예수와 함께
날마다 걸어가기를.

한 걸음 한 걸음 주 예수와 함께
날마다 날마다 우리 걸어가리.

주와 같이 길 가는 것 즐거운 일 아닌가
우리 주님 걸어가신 발자취를 밟겠네

한 걸음 한 걸음 주 예수와 함께
날마다 날마다 우리 걸어가리

내가 그림을 그리는 이유

그림을 그리며 수없이 고민합니다.

'나는 왜 그림을 그리는 걸까?
무엇을 그리고 싶은 걸까?'

그림을 그리는 게 좋고 행복하지만
시간이 지나면 찾아드는 공허함에
순간순간 펜을 놓기도 합니다.

내 정체성을 찾아가는 시간,
나를 내려놓고 주님의 시각으로
자신을 바라보는 과정이랄까요.

모세에게 광야에서의 시간이 필요했듯,
이런 고민과 방황의 시간이
어쩌면 제게 필요한 광야일 수 있겠네요.

점과 선이 모여 하나의 그림을 이루듯
내 삶의 점들을 이어가다 보면
지금은 알 수 없는
하나님의 크신 계획과 마주하게 되겠죠?!

세상을 바꾸겠다는 원대한 꿈은 아니지만
아주 작은 일점일획일지라도
점과 선이 모여 하나의 그림을 이루듯
내 인생의 점선을 이어가다 보면
지금은 알 수 없는
하나님의 크신 계획과 마주하게 되겠죠?

명확한 답을 바로 찾지 못하더라도
계속 길을 물으며
지금 허락된 삶의 자리로 나아갑니다.

너의 마음을 다하여 주님을 의뢰하고,

너의 명철을 의지하지 말아라.

네가 하는 모든 일에서 주님을 인정하여라.

그러면 주님께서 네가 가는 길을 곧게 하실 것이다.

잠언 3:5,6

하나님의 시간

우리는 끊임없이 무언가 계획하고 노력합니다.
그런데 계획대로 되지 않고
오히려 길이 막힌 듯 보일 때가 있지요.
그때가 바로 뒤로 물러나야 할 때입니다.

그리고 하나님의 시간을 기다려야 합니다.
내 노력이 아닌 주님이 주시는 선물인 은혜의 때.
'그때'는 믿음으로 살면 분명히 보게 됩니다.

네가 믿으면 하나님의 영광을 보게 될 것이다.
네 삶을 향한 내 계획이 네 앞에서 펼쳐지고 있단다.
그 길을 믿음으로 바라보아라.

때가 차면 주님의 일하심을 통해
눈앞에 길이 열리는 선물이 찾아올 것입니다.
오직 주님의 영광만이 임하는 그 자리이지요.

이는 우리가 믿음으로 행하고 보는 것으로 행하지 아니함이로라
고린도후서 5:7

때가 차매 네가 믿으면
하나님의 영광을 보리라

바라봄의 대상

무엇을 바라보며 살고 있나요?

우리는 바라보는 대로 삽니다.
사람을 바라보면 사람이 원하는 대로,
물질을 바라보면 물질이 이끄는 대로 살지요.
그러나 하나님을 바라보면
그분이 원하시는 대로 살게 됩니다.

저도 모르게 주위 상황을 자주 의식합니다.
사람들의 반응에 신경을 쓰기 시작하면
그들이 원하는 대로 제 모습도 변해가지요.
아무리 마음을 다잡아도 잠시만 눈을 돌리면
이내 마음을 빼앗겨버립니다.

이렇게 초조함에 아등바등 살아가는
제 모습이 안타까우셨는지
주님은 말씀으로 저를 보게 하셨습니다.

말씀에 비춰 보니
제가 바라보는 건 '사람'이었습니다.

사단은 끊임없이 우리를 넘어뜨리려 하기에
잠시만 눈을 돌리면 넘어지고 맙니다.
교묘하게 마음에 스며들어
세상의 것들로 시선을 빼앗아
하나님을 잊게 만들지요.

말씀으로 기도하며
예수님의 이름으로 사단을 내쫓습니다.
다시 주님을 바라보며
그분이 원하시는 대로 살기 원합니다.

무엇을 바라보며 살아가나요?

우리는 바라보는 대로 살게 됩니다

사람을 바라보면 사람이 원하는 대로
물질을 바라보면 물질이 이끄는 대로 살게 됩니다

그러나 하나님을 바라보면
하나님이 원하시는 대로 살게 됩니다

다시 주님을 바라보며
살아갑니다

그래도 그 길을 갈 수 있겠니?

'이 길이 맞나요?'

분명 주님의 인도하심을 따라왔지만
낯선 길은 '처음'이라는 두려움이 앞섭니다.

'과연 이 길이 맞을까?
이렇게 가는 게 맞을까?'

새로운 환경에서 어색함과 다름이 부딪히며
질문이 끊이질 않습니다.

인도 단기선교 중에 만난 선교사님이
들려주신 이야기입니다.

"오늘 아침에 이를 닦다가
스쳐 지나간 하나님의 마음이 있었습니다.
아침부터 단기선교 팀 숙소에 단수가 되었다는 말을 듣는데
제가 인도에 처음 왔을 때가 생각났어요.

이 길이 맞나요?

분명 주님의 인도하심을 따라왔지만
낯선 길은 '처음'이라는 두려움이 앞섭니다

과연 이 길이 맞을까?
이렇게 가는 게 맞을까?

그때도 물이 끊겨 설거지한 물을 버리지 못하고
그 물로 다시 설거지를 하고
또 변기 물로 쓰던 기억이 났지요.
그때 하나님이
'너 이래도 할 수 있겠니?'라고 질문하셨어요."

그때 그 이야기를 듣는 제게도
하나님은 말씀하셨습니다.

너 그래도 이 길을 갈 거니?

그때는 "네, 갈게요"라고 답하지 못했습니다.
묵상 노트에만 적어둔 채 덮어두고 있다가
다시 꺼내 읽게 되었습니다.

너 이래도 할 수 있겠니?

인도의 상황과는 비교도 안 되는
편하고 평범한 일상이지만
제 삶의 크고 작은 고민 앞에서
그 음성이 제게도 들리는 듯했지요.

주님이 주신 물음에 대한 답은
제가 주님을 전적으로 신뢰할 때에야
기쁨으로 답할 수 있을 것 같습니다.

이 또한 하늘 아버지에 대한 신뢰와 순종을
배우는 훈련 과정이겠죠.
아직 "네, 한번 걸어가볼게요"라고
당당히 선포하지 못한다 해도
오늘, 순종의 한 걸음을 내디뎌봅니다.

주님의 물으심에 대한 답은
내가 주님을 전적으로 신뢰하게 될 때
기쁨으로 답할 수 있을 것 같습니다

하늘 아버지에 대한 신뢰와 순종

"네!" 라고 당당히 선포하지 못할지라도
그래도 믿고 순종의 한 걸음을 내디뎌봅니다

정답은 알 수 없지만

사람들은 각자의 기준과 판단에 따라 결정하고
그것이 정답이라고 말합니다.
하지만 정답은 오직 주님만 아시죠.

우리의 결정이 옳다고 주장하기보다
그 일의 동기와 중심을 보시는 주님이
판단하고 결정하시도록
결정권을 내어드려야 합니다.

무엇이 정답인지는 알 수 없지만
우리가 할 수 있는 건,
그저 '순종'뿐입니다.

무엇이 정답인지는 알 수 없지만
우리가 할 수 있는 건 그저 순종뿐입니다

말 안 듣는 아이

유독 장난을 잘 치고
뭐든 자기가 하겠다고 떼쓰는 아이가 있습니다.

선생님의 도움이 필요한데도
제가 도와주려고 하면
"내가 할 거야" 하면서 거절하지요.
알려주는 대로 하지 않고 자기 마음대로 하다가
수업 주제와는 점점 멀어지고 맙니다.

매번 혼을 내서 마음이 짠하다가도
막상 수업 시간에 아이를 마주하면
저 역시 여러 가지 마음이 올라옵니다.

그래도 주님의 마음으로 바라보려고 애쓰다가
문득 이런 생각이 듭니다.

'나를 향한 하나님의 마음도 이렇지 않으셨을까?'

자기 혼자 하겠다고 도움을 거절하는 아이를 보면서
문득 이런 생각이 듭니다

아니, 그건
이렇게 하는 거야

아~ 내가 할 거예요

하나님의 뜻, 그분의 방법대로 따라가면 되는데
눈앞의 일들에 불평불만을 늘어놓으며
제 방식대로 최선을 다했습니다.

매번 이렇게 제멋대로인 저를 혼내실 만도 한데
주님은 오래 참으시고 기다려주십니다.
그리고 다시 그분 앞에 서도록
은혜를 부어주시지요.

조금은 다루기 힘든
말썽꾸러기 아이를 통해
저도 주님 앞에
'참 말 안 듣는 아이'였음을 돌아봅니다.

나도 주님 앞에선 말 안 듣는 아이일까?

내 말이...
내가 다 알려주는데
왜 듣질 않나 몰라

아휴... 정말이지
내가 알려주는 대로 하면
더 쉽게 잘할수 있는데...

아... 잘 안돼

두려워하지 말고 믿기만 하라

여지없이 의심이 올라옵니다.
제 생각과 다르기 때문일까요.
아직 눈에 보이는 결과가 없으니
하나님의 말씀을 믿지 못하고 의심합니다.

그날도 예배 시간에 말씀을 듣다가
하나님께 질문했습니다.

'하나님, 저는 아직도 모르겠어요.
정말 이게 하나님의 뜻이 맞나요?'

그 순간 선포된 말씀,

두려워하지 말고 믿기만 하라!

의심이 와르르 무너져 내렸습니다.
몇 번이나 묻고 확인하는 제 마음에
쐐기처럼 꽂히는 말씀이었지요.

의심이란,
어떤 상황이 내 생각과 다르게 흘러가고,
그 결과를 확실히 알 수 없기에 믿지 못하는 마음입니다

하나님께 또 질문했습니다
'하나님... 제 생각과 너무 다른데
정말 하나님 뜻이 맞나요?'

확신이 없는 제게
하나님의 말씀이 증거가 되었습니다.

아직 삶에 대한 확신은 없지만
말씀에 대한 확신은 있기에
다시 한번 말씀을 믿고
순종하기로 다짐합니다.

같은 문제로 자꾸 고민이 되고 두려움이 생긴다면,
그건 주님을 온전히 신뢰하지 못해서입니다.

너는 두려워하지 말고 믿기만 하라.

이미 수없이 말씀해주셨는데
여전히 걱정과 두려움에 빠지는 이유는
주님의 말씀을 믿지 않기 때문이지요.
걱정과 염려 가운데 주님께 여쭈니
다시 한번 말씀해주십니다.

그 순간 선포된 말씀에
의심이 무너졌습니다

"두려워하지 말고 믿기만 하라"

몇 번이나 물으며 의심하는 나에게
쐐기를 박듯 마음에 꽂히는 말씀이었습니다

확신이 없는 내 마음에
하나님의 말씀이 증거가 되었습니다

나를 믿기만 하렴, 그거면 충분해.
그때 내가 일하는 것을 보게 될 거야.

**다시는 이 문제로
염려하지 않기로 마음먹었지요.**

온전히 주님을 신뢰하겠습니다.

오직 믿음으로 구하고 조금도 의심하지 말라
의심하는 자는 마치 바람에 밀려 요동하는 바다 물결 같으니

야고보서 1:6

삶에 대한 확신은 없지만
하나님 말씀에 대한 확신은 있기 때문입니다

두려워하지 말고
믿기만 하렴

주님만 따라가면 됩니다

예수님을 믿는다는 것은
예수님을 따라가는 것입니다.

'될까, 안 될까' 내가 계획하지 않고
'좋다, 안 좋다' 내가 판단하지 않고
상황이나 사람들의 생각을
따르는 게 아니라
주님이 가라 하시면 가고
멈추라시면 멈추는 것이지요.

우리 함께 주님만 따라가볼까요?

예수님을 믿는다는 것은
예수님을 따라가는 것입니다

믿음의 걸음

어제 믿음으로 살았다면
오늘도 믿음으로 살아야 합니다.

어제 믿음으로 살았다 해도
근신하여 깨어있지 않으면
대적 마귀가 우는 사자같이
두루 다니며 삼킬 자를 찾기에
오늘도 계속
믿음의 걸음을 걸어야 합니다(벧전 5:8).

주와 함께 믿음의 걸음을 걸어갑니다.
그 길은 제게 생명의 길입니다.

주와 함께 믿음의 걸음을 걸어갑니다
그 길은 내게 생명의 길

나는 왜 예수님을 믿을까?

일곱 살짜리 조카가
아이스크림을 사오는 길에 물어봅니다.
"고모는 왜 예수님을 믿어?"

난데없이 훅 들어온 질문에
잠시 말문이 막혔지요.
그리고 곰곰이 생각해봤습니다.

'나는 왜 예수님을 믿을까?'

예수님을 생각하니 금세 환해지는 마음.
"예수님이 좋으니까"라고 답하며
예수님의 십자가 이야기를 짧게 들려주었습니다.

그러자 조카가 말했어요.
"우리 엄마는 부처님 믿고, 고모는 예수님 믿는데
나는 누굴 믿어야 할지 모르겠어."

"당연히 예수님 믿어야지"라고 말하고 싶었지만
마음이 무거웠습니다.
제 당연함이 누군가에게는 당연하지 않을 수 있고,
오히려 보이지 않는 폭력이 될 수도 있으니까요.
진리를 아이 스스로 선택하게 하고 싶었습니다.

무조건적인 믿음이 아니라
스스로 하나님을 알기 원하고,
내가 왜 예수님을 믿는지 생각하며
그 길을 따라가기 원합니다.
그리고 제게 한 번 더 묻습니다.

'나는 왜 예수님을 믿을까?
내 안에 구원의 기쁨과 은혜가 가득한가?
나는 무엇 때문에 예수님을 믿을까?'

우리의 믿음은 보이지 않는 실재를 향해야 합니다.
겉으로 보이는 외모나 풍성한 열매,
눈에 보이는 기적이 아니라
그 안에 담긴 마음과 생각,
열매 안에 있는 생명에 더 집중하며
기적 그 자체가 아닌 기적을 일으키시는
하나님을 바라봐야 합니다.

지금 눈앞에 더 좋아 보이는 것이 있나요?
그렇다면 보이지 않는 것을 바라볼 수 있는
믿음을 사용할 때입니다.

우리가 주목하는 것은 보이는 것이 아니요

보이지 않는 것이니 보이는 것은 잠깐이요

보이지 않는 것은 영원함이라

고린도후서 4:18

우리의 믿음은 보이지 않는 실재를 향해야 합니다
겉으로 보이는 외모, 풍성한 열매, 기적이 아니라
그 안의 마음과 생각, 열매 안의 생명,
기적을 일으키시는 하나님을 바라봐야 합니다

말씀에서 찾는 답

무언가 계획하고 선택해야 하는 상황입니다.
그러나 내 계획인지 하나님의 계획인지
분별이 잘 되지 않습니다.

목사님에게 이런 고민을 말씀드리자
제게 물으셨습니다.

"말씀을 묵상하고 있나요?"
"…"
"사람은 잘못 결정할 수 있습니다.
목사도 마찬가지입니다.
사람이 조언해줄 수는 있지만
내 인생의 결정은 주님과 하세요.
제대로 결정할 힘을 기르려면
매일 말씀과 씨름해야 해요.
말씀에서 답을 찾으세요."

내가 결정하려던 마음을 내려놓고
말씀을 찬찬히 읽었습니다.

여호와께서 사람의 죄악이 세상에 가득함과
그의 마음으로 생각하는 모든 계획이 항상 악할 뿐임을 보시고
창세기 6:5

하나님 없는 모든 계획은 악할 수밖에 없습니다.
우리의 죄성이 계속 자아를 추구하며
그분의 말씀과 반대로 흘러가게 만드니까요.
말씀에 내 마음을 비추고 내 계획을 내려놓습니다.
다시 하나님의 계획을 물으며
그분이 저를 통해 하실 일을 기대합니다.

"네가 나를 부르면,
내가 너에게 응답하겠고,
네가 모르는 크고 놀라운 비밀을
너에게 알려주겠다."
예레미야 33장 3절

예수님!!

말씀에서 답을 찾기로
결정했습니다

답을 모를 때 사람보다 주님을 먼저 찾고,
말씀에서 답을 찾기로 결정했습니다.
주님이 제가 알지 못하는
크고 놀라운 비밀을 알게 해주실 테니까요.

사람의 마음에는 많은 계획이 있어도
오직 여호와의 뜻만이 완전히 서리라

잠언 19:21

진짜 믿음

내 믿음의 현주소는
어떤 어려움이나 문제에 부딪힐 때 드러납니다.

어려울 때 여전히 함께하시는 주님을 찾나요,
아니면 문제 해결만을 바라며 기도하나요?
상황이 잘 풀리면 감사하고,
고난이 오면 주님을 원망하진 않나요?

지금은 어떤 상황이든 만족하는
진짜 믿음이 필요할 때입니다.

나는 비천에 처할 줄도 알고 풍부에 처할 줄도 알아

모든 일 곧 배부름과 배고픔과 풍부와

궁핍에도 처할 줄 아는 일체의 비결을 배웠노라

빌립보서 4:12

기도 응답, 병 고침, 문제 해결을 바라는
마음을 모두 내려놓습니다.
그리고 문제가 아니라 주님을 바라봅니다.

지금 하나님보다 더 커 보이는 문제가 있나요?
진짜 믿음은 이럴 때 발휘됩니다.

그 이름 예수 그리스도

입으로 예수님을 '주'(主)로 고백하고,
하나님이 그분을 죽은 자 가운데서 살리신 것을
마음으로 믿는 사람은 구원을 얻을 것입니다.

사람은 마음으로 믿어서 의에 이르고,
입으로 고백해서 구원에 이르게 됩니다.
로마서 10:10

예수님의 이름을 부르세요.
그 이름을 믿는 자,
그 이름을 부르는 자.

주의 이름을 부르는 사람은
누구나 구원을 얻을 것입니다.

그 이름 예수 그리스도.

내 이름을 부르며 내게 나오라.
내게 와서 내 말을 듣고 믿으렴.
믿지 않고 어찌 내 이름을 부를 수 있겠니.
누구든지 내게 와서 내 이름을 부르렴.
내가 온종일 두 팔 벌려 널 기다린단다.

누구든지 내게 와서
내 이름을 부르렴
온종일 두 팔 벌려 너를 기다린단다

온전한 믿음

주의 은혜를 입은 마리아에게
어느 날 천사가 찾아와 말했습니다(눅 1:31,35).

"아들을 낳을 것이다.
그 아들은 하나님의 아들이라 불릴 것이다."

아직 처녀인 마리아에게는 두렵고도 놀라운 일이었죠.
그러나 하나님의 말씀을 듣고
마리아가 취한 행동은 '믿음'이었습니다.
그 말씀을 온전히 믿었습니다.

때론 우리의 상식에 맞지 않고
해결될 것 같지 않은 상황이 오지만,
은혜 입은 우리가 할 일은 그 말씀을 믿고 순종하는 것입니다.

은혜를 받은 자여 평안할지어다 주께서 너와 함께하시도다

누가복음 1:28

그 말씀을 온전히 믿었습니다

대저 하나님의 모든 말씀은 능하지 못하심이 없느니라
누가복음 1장 37절

아버지의 마음

하나님을 깊이 알지 못했을 때는
내가 원하는 것을 주시지 않아 원망했고,
주님의 말씀에 순종하는 것도 어려웠습니다.
그런 제게 누군가 들려준 이야기입니다.

"한 아이가 탄산음료를 너무 마시고 싶어 했는데,
아이에게 아토피가 있어서 부모는 주지 않았습니다.
아이가 계속 음료수를 달라고 조르자
부모는 이 아이가 자신을 괴롭히면서까지
요구하면 어쩔 수 없이 주겠지만
아이가 참을 수 있다면 아이를 위해 주지 않고,
대신 유기농 주스를 주지 않겠냐고 했습니다."

우리는 당장 필요한 것을 구하지만
하늘 아버지는 우리 인생 전체를 보시고
가장 필요한 걸 주십니다.

아버지의 마음

기억하렴,
나는 네게 가장 좋은 것을
주고 싶단다

내가 네게 더 좋은 것을 주고자 함을 기억해라.

아버지의 마음을 아는 이라면
주님이 무슨 말씀을 하시든지
가장 좋은 것으로 주실 줄 알기에
기쁨으로 순종할 것입니다.

우리에게 필요한 건
하나님을 더욱 아는 것과
어느 때나 그분을 신뢰하는 믿음입니다.

하나님의 말씀은 다 순전하며
하나님은 그를 의지하는 자의 방패시니라
잠언 30:5

그저 신뢰하며 걸어갑니다

눈에 보이는 결과가 없어도 괜찮아요.
사람들이 말하는 '성공'과
우리의 '승리'는 다르니까요.

목표를 향해 열심히 달려왔지만
눈앞에 아무것도 없을 때
낙심하는 게 아니라 감사하며
주님을 찬양하는 게 우리 삶이에요.

이 땅의 성공이 아닌
영원한 그 땅의 선물을 기다리며
그저 신뢰하며 걸어갑니다.

여호와를 의뢰하고 선을 행하라

땅에 머무는 동안 그의 성실을 먹을거리로 삼을지어다

또 여호와를 기뻐하라

그가 네 마음의 소원을 네게 이루어주시리로다

네 길을 여호와께 맡기라 그를 의지하면 그가 이루시고

네 의를 빛같이 나타내시며

네 공의를 정오의 빛같이 하시리로다

시편 37:3-6

그럼에도 불구하고 감사하며 찬양하는 삶
그저 신뢰하며 걸어갑니다

앞을 보고 걷는 것 같지만
실제로는 뒤를 보며 걷고 있습니다

우리는 미래를 볼 수 없기 때문입니다
단지 걸어온 과거를 통해
미래를 예측할 뿐입니다

보이지 않는 미래를 무조건 좇기보다
내가 지나온 길의 은혜를 세어봅니다

뒤돌아보면 보이는 주님의 은혜

주님이 내 삶에 어떤 은혜를 주셨는지 보게 될 때
보이지 않는 미래를 소망하며 걷게 됩니다

은혜를 세어보다

왔던 길을 돌아보며
하나님이 내 삶에
어떤 은혜를 주셨는지 깨달을 때
보이지 않는 미래를
소망하며 갈 수 있습니다.

받은 복을 세어보아라.
주의 크신 복을 네가 알리라.

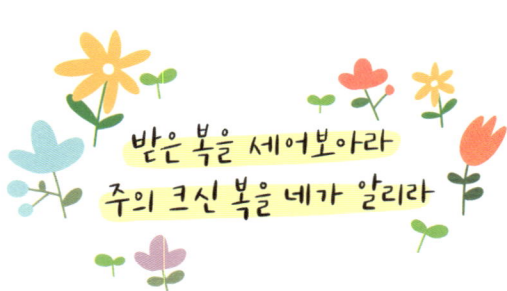
받은 복을 세어보아라
주의 크신 복을 네가 알리라

조금은 자유롭게

낯선 곳에선 그저
인도자를 믿고 따라갈 수밖에 없습니다.

"이곳에 뭐 하러 왔니?"라고 물으시면,
"글쎄요, 제가 왜 여기에 왔을까요?"
오히려 되물을지 모릅니다.

막연히 익숙한 삶을 벗어나
새롭게 살고 싶었습니다.
하지만 막상 와 보니
이곳이 어떤 곳인지,
여기서 무엇을 할 수 있을지 모르겠습니다.

특별한 일정이 없는 오늘,
그냥 쉬어도 되지만
뭔가를 해야 할 것처럼 초조했지요.

조금은 자유롭게
아무것도 하지 않는 시간도 필요합니다.

조급함을 버리고
주님을 더욱 바라보는 훈련을 해야겠네요.

대신 길을 인도하시는 주님께
끊임없이 묻고 따라가는
평범한 하루하루가 모이고 쌓여
내 삶의 이야기가 가득 채워지면 좋겠습니다.

주님이 인도하시는 대로
꼭 붙어 있을게요!

작은 빛을 따라

물 흐르듯 그렇게 살아갑니다.
억지로 물살을 거스르지 않아도 괜찮아요.

내 인생은 내 뜻이 아닌
하나님의 뜻대로 살아가는 거니까요.

아무것도 하지 말라는 뜻은 아닙니다.
나를 하나님께 온전히 맡기고 그분을 신뢰하며
발등 앞을 비추는 작은 빛을 따라
한 걸음씩 그 길을 걸어갑니다.

너는 마음을 다하여 여호와를 신뢰하고
네 명철을 의지하지 말라
너는 범사에 그를 인정하라
그리하면 네 길을 지도하시리라

잠언 3:5,6

주님의 인도하심 따라
물 흐르듯 그렇게 살아갑니다
억지로 물살을 거슬러 올라가지 않아도 괜찮아요

PART
3

오늘
더 사랑하렴

전부를 주신 사랑

하나님께 드리는 게 어려운 이유는,
하나님보다 나를 더 사랑하기 때문이겠지요.
반대로 나보다 하나님을 더 사랑한다면
내 것을 기꺼이 드리고 싶지 않을까요.

하나님이 독생자 아들까지 내어주신 건
자신의 생명보다 나를 더 사랑하셨기 때문입니다.

전부를 주신 사랑 앞에
내 전부를 드릴 수 있나요?

주님을 사랑한다는 고백이
진심이 되기를.

하나님이 하나뿐인 아들을 내어주실 수 있었던 이유는
자신의 생명보다 나를 더 사랑하셨기 때문입니다

전부를 주신 사랑 앞에
내 전부를 드릴 수 있나요?

작은 헌신의 씨앗 하나

하나님은 우리에게 주시고 또 채워주시고
넘치게 부어주시는 분이지요.

하지만 그분을 잘 몰랐을 때는
제가 가진 작은 것 하나도
내어놓기가 쉽지 않았습니다.

그럼 지금은 기쁨으로 내어드릴 수 있을까요?

'온전히'라고는 말할 수 없지만
주님을 경험할수록 조금씩 믿음이 쌓이고
그렇게 되어간다고 고백합니다.

한 아이가 드린 보리떡 다섯 개와 물고기 두 마리로
수많은 사람이 배불리 먹고도 남은 기적은
지금도 일어나고 있습니다.

누군가의 작은 헌신으로
꼭 눈에 보이는 풍요로움이 아니더라도
마음의 넉넉함과 기쁨으로
넘치게 채워주시니까요.

보리떡 다섯 개와 물고기 두 마리가
하나님나라의 풍요로움을 맛보게 했듯이
제 재능이나 물질도
그렇게 흘러갈 수 있으면 좋겠습니다.

하나님을 사랑해서 드리는
작은 헌신의 씨앗 하나가
백배 천배의 결실을 맺고
하나님나라의 풍요로움으로 가득해지면
이 세상은 그분의 영광의 빛으로
가득 찰 것입니다.

보리떡 다섯 개와 물고기 두 마리 같은
작은 헌신, 내어드림이
하나님나라의 풍요로움을 맛보게 했듯이
나의 작은 헌신도
흘러갈 수 있으면 좋겠습니다

생명의 빛

참 빛 곧 세상에 와서 각 사람에게 비추는 빛이 있었나니
그가 세상에 계셨으며
세상은 그로 말미암아 지은 바 되었으되
세상이 그를 알지 못하였고
자기 땅에 오매 자기 백성이 영접하지 아니하였으나
영접하는 자 곧 그 이름을 믿는 자들에게는
하나님의 자녀가 되는 권세를 주셨으니
이는 혈통으로나 육정으로나 사람의 뜻으로 나지 아니하고
오직 하나님께로부터 난 자들이니라
말씀이 육신이 되어 우리 가운데 거하시매
우리가 그의 영광을 보니
아버지의 독생자의 영광이요 은혜와 진리가 충만하더라

요한복음 1:9-14

자꾸만 머릿속을 맴도는 단어,
'참 빛.'
주님은 제게 생명의 빛으로 오셨는데
제 안에 있는 그 빛은 지금 어디를 비추고 있을까요?

참 빛 곧 세상에 와서
각 사람에게 비추는 빛
그 안에 생명이 있으니
이 생명은 사람들의 빛이라

히스윌 〈참 빛〉

빛의 자녀

그 빛이 세상에 와서

모든 사람을 비추고 있다.

요한복음 1:9

태국과 라오스에 단기선교를 가기 전,
하나님의 마음을 조금이라도 더 알고 싶었습니다.
주님의 마음을 다 알 수는 없지만
요한복음을 묵상하면서
'빛'이란 단어가 계속 마음에 남았습니다.
이 세상을 비추시려 빛으로 오신 주님.
우리에게 그 빛을 주시고
빛의 자녀가 되라고 말씀하십니다.

제게 있는 주님의 빛이
자연스레 사람들을 비추고
조금이라도 예수님의 사랑을 알게 하길,
그 빛이 그들 안에 생명의 빛이 되길,
두 손을 모아봅니다.

그 빛이 세상에 오셨으니,
모든 사람을 비추는 참 빛이시다
요한복음 1장 9절

사랑해야 기억합니다

태국 땅을 밟으며 생각했지요.

'여기서는 무엇을 보고 느낄 수 있을까?'

하나님의 마음을 느끼고 싶어서
그분의 마음을 계속 구했습니다.

처음 간 태국은 음식도 잘 맞고 볼거리도 많고
혼자 여행하기에 위험하지 않은,
괜찮은 나라라고 생각했습니다.

그러나 파타야 해변 근처에서는
사실 좀 충격이었습니다.
관광객이 많이 찾는다는
트랜스젠더 공연장이 있어서
성별을 알 수 없는 이들을
거리에서 쉽게 만날 수 있었습니다.

골목 전체가 클럽인 거리에는
대낮부터 보기 민망한 옷을 입은 이들이
어서 오라고 손짓합니다.

화려한 볼거리 이면의 어둠을 보았습니다.
그곳에서 제가 할 수 있는 거라곤
잠시의 기도뿐 아무것도 없었습니다.

한 선교사님의 말씀이 떠오릅니다.

"바울은 골로새교회 교인들에게
내가 갇혀 있음을 기억해달라고 고백했습니다(골 4:18).
'기억해달라.'
기도는 누군가가 부탁하면
나와 상관없는 사람이라도 예의상 해줄 수 있지만
기억하는 것은 그렇지 않습니다.
사랑해야 기억합니다."

어쩌면 기억은 기도보다 한 발짝 더 나아간
사랑일 수 있겠다는 생각을 합니다.
한동안 '기억해달라'는 말이 계속 맴돌았고,
태국 땅을 향한 주님의 마음이 부어졌습니다.

이 땅을 기억해주겠니?

하나님의 눈으로 그 땅의 현실을 보게 하셨고,
또 하나의 나라를 마음에 담았습니다.

작은 소원

라오스에서 아이들과 미술 수업을 진행했습니다.
원래 하루 일정이었는데 하루 더 머물며
이틀 동안 아이들을 만났습니다.
첫날은 도와주는 사람이 있어서 큰 부담이 없었지만
마지막 날은 혼자 진행하게 되었지요.

수업을 잘해야 한다는 부담,
잘하지 않아도 괜찮다는 주님의 위로.

혹시 부족한 아이가 있다면
먼저 다가가 손을 내밀어주고
말 한마디 손길 하나를 더 건네주라는
격려의 말에 부담을 내려놓았습니다.

어떤 것을 잘 해내는 것보다
한 사람에게 집중하기로 했지요.
그렇게 아이들을 한 명 한 명 바라보았습니다.
어떤 기술이 아닌 마음을 나누고

대화가 잘 통하지 않아도
아이들 옆에 다가가 앉았습니다.
저는 제 말로, 그들은 그들의 말로 대화했지요.
그리고 함께 그림을 그렸습니다.

이틀이라는 짧은 시간 동안
제가 준 건 크지 않았을 겁니다.
그저 스쳐가는 사람 중 하나겠지만,
그들이 제 안에 있는 사랑을 기억하기를 바랐습니다.

더디고 열매가 보이지 않아도
주일학교 교사를 하는 이유는,
아이들이 제 얼굴과 이름은 잊어도
제 사랑만큼은 기억할 테니까요.

마지막 시간이 되자
아이들이 한 명 한 명 다가와
저를 꼭 안아주었습니다.

사랑을 나누러 갔는데
오히려 더 많이 받고 왔습니다

저도 마음을 담아 그들을 축복했지요.
몇몇 아이들은 눈가가 촉촉해졌고
눈물을 흘리는 아이도 있었습니다.

언제 또 오냐고 물어보는 아이들,
언제나 느끼는 것이지만
사랑을 나누러 갔는데 더 많이 받고 돌아옵니다.

작은 소원이 생겼습니다.

제가 걷는 곳마다
제 안의 생수가 더욱 흘러넘쳐
주위의 꽃과 나무들까지 함께 자라며
어디를 가든 세상의 빛으로 살고 싶습니다.

내 안의 생명의 물이 흘러넘쳐
주위의 꽃과 나무들까지 더욱 자라나기를

더 사랑하겠습니다

짧은 만남을 뒤로하고
일상으로 돌아왔습니다.
라오스에서 만난 아이들이 어찌나 사랑스러웠는지
그 감동이 마음에 남아 일렁였지요.

주일학교 기도 모임이 있는 날,
벅찬 마음을 안고
제게 맡겨주신 아이들을 만나러 갔습니다.
평소와 다름없는 기도 시간인데
자꾸 눈물이 나왔습니다.
'이 아이들을 어떻게 변화시킬까' 고민하기보다
'그냥 더 사랑하라'는 마음을 주십니다.

제가 아이들을 더 사랑할 때
그 사랑만큼은 아이들의 마음에 남을 것입니다.
그 사랑을 통해 예수님을 만날 거라는
믿음으로 아이들을 있는 그대로
더 사랑하겠습니다.

그냥 더 사랑하라 하십니다

그 사랑을 통해 예수님을 만날 거라는 믿음으로
있는 그대로 더 사랑하겠습니다

오늘은 주일학교 기도 모임이 있는 날
여느 때와 다름없는 기도 시간이었습니다

기도를 열심히 하는 아이도 있고
장난을 치는 아이도 있습니다

그렇게 혼나고도 5분만 지나면 또 장난,
안 보는 틈을 타서 또 장난

변하지 않는 아이들의 모습에 화를 내고
때론 나 자신에게 화가 날 때도 있었지만
이날 만큼은 마음에 울림이 있었습니다

아이들이 나의 백 마디 말로 바뀌었다면
이미 진작에 달라졌겠죠

화가 나는 대신 눈물이 자꾸 나왔습니다
어떻게 이 아이를 변화시킬까 보다
그냥 **더 사랑하라**는 마음을 주십니다

나의 어떤 말보다
내가 이 아이들을 더 사랑할 때
그 사랑만큼은 아이들의 마음에 남을 거니까요

그 사랑 때문에

"당신은 죄인입니다"라는 말을 들었을 때
"네, 저는 죄인입니다"라는 고백과
"내가 왜 죄인인가요?"라는 의문.

당신은 어느 쪽인가요?

머리로는 이해되지 않아도
십자가 복음 앞에 섰을 때
그 십자가가 정말 나 때문임을 알게 되면
그 자리에 엎드릴 수밖에 없을 것입니다.

더 많이 용서받은 자가
더 많이 사랑할 수 있습니다.

나는 더 이상 의로운 자가 아니라
죄인 중에 괴수라는 사도 바울의 고백처럼
나 같은 죄인 살리신 주님 앞에 엎드립니다(딤전 1:15).

나의 의로는 아무것도 할 수 없지만
그래도 다시 일어설 수 있는 이유는
내 모든 죄를 사해주신 그 십자가,
그 사랑 때문에
오늘 더 사랑하며 살아갑니다.

두려움이 가득할 때

수업을 마치고 돌아오는데
에너지 넘치는 아이들을 상대하느라
몸은 평소처럼 지치고 힘들었지만
마음은 전과 달랐습니다.
제 마음을 두드린 말씀이 떠올라
아이들이 사랑스럽게 느껴졌습니다.
'사랑 안에 두려움이 없고…'

아이들과 처음 만난 날을 잊을 수가 없습니다.

'와, 뭐 이런 애들이 있지?'

제 말은 듣지도 않고
자기들 말만 거침없이 내뱉는
고삐 풀린 망아지 같았지요.
그래서 수업을 하러 갈 때마다
두려움이 가득했습니다.

'오늘도 잘할 수 있을까?'

제가 두려웠던 이유는
제 안에 사랑이 없었기 때문입니다.
또 '잘해야 하고 만족스러운 수업을 해야 한다'는 부담.
모든 초점이 '나'였습니다.

그러던 어느 날,
말씀 한 절이 마음에 새겨졌습니다.

사랑 안에 두려움이 없고

온전한 사랑이 두려움을 내쫓나니

두려움에는 형벌이 있음이라

두려워하는 자는 사랑 안에서

온전히 이루지 못하였느니라

요한일서 4:18

그 후로 상황을 바라보는 시각이 달라졌습니다.
그제야 저를 좀 더 내려놓고
두려움을 없애려 하기보다
어떻게 하면 더 사랑할 수 있을까
말씀에 초점을 맞추려 했지요.

몇 달 뒤,
우연히 같은 말씀을 보았습니다.
처음 두려움에 떨며 말씀을 붙잡았던
제 모습이 생각났습니다.
지금도 여전히 수업이 엉망일 때도 많고
아이들은 산만하고 정신이 없지만
수업의 결과보다는 그들과 함께하는 시간에
자연스럽게 초점이 향했습니다.
변화된 제 모습이 놀라웠습니다.

단지 말씀 한 구절이었을 뿐인데
두려움보다는 사랑으로 채워졌습니다.

수업이 막바지에 접어들면서
끝이라는 시원한 마음도 있었지만
아이들과 헤어진다는 아쉬움이 더 컸습니다.
정들고 사랑이 생겼기 때문이겠지요.
제 안에 여전한 수업에 대한 두려움마저
주님은 사랑으로 채워주셨습니다.

그래서 오늘도 신뢰합니다.
힘들어도 감사하고 주님을 의지하며 걸어갑니다.
제가 가는 길마다 사랑이 흘러가기를.

다만 이뿐 아니라 우리가 환난 중에도 즐거워하나니
이는 환난은 인내를, 인내는 연단을, 연단은 소망을 이루는 줄 앎이로다
소망이 우리를 부끄럽게 하지 아니함은
우리에게 주신 성령으로 말미암아 하나님의 사랑이 우리 마음에 부은 바 됨이니
로마서 5:3-5

오늘도 아이들은 에너지가 넘치네요

오늘 하루도 끝났다
가르치는 게 가장
어려운데...

연단의 과정이란 걸 알지만
그래도 힘들어요....

Jesus
"그거 하나 알려줄까?
아이들은 네가 수업을 잘해서가 아니라,
그냥 너라서 좋은 거야"

잘하지 못해도 괜찮아
나도 그냥 너라서
좋으니까

나를 살게 하는 힘

지금 하는 일의 동기가 무엇인가요?
혹시 하지 않으면 안 될 것 같은
죄책감이나 두려움은 아닌가요?
어떤 역할이나 자리를 지키기 위한
책임감인가요?

그렇다면 큰일이네요.
그 동기가 사라지면
내 행동도 사라집니다.
사람을 움직이는 동기는
오직 사랑이어야 합니다.

외부 요인이 사라져도,
어떤 상황이 와도
주님이 붙잡고 계시는 한
내 안의 사랑은 끊어지지 않습니다.

주님은 절대 우리를 포기하지 않으십니다.
그분의 사랑은 끊어질 수가 없습니다.

내 안의 사랑이 동기가 될 때
나는 주님을 향해 움직입니다.

그것이 사랑의 힘이고,
나를 살게 하는 힘입니다.

함께한다는 것

함께하다.
같이하다.

공동체라는 것,
함께한다는 건 쉬운 일이 아닙니다.
때로는 불편을 감수해야 합니다.
누군가에게 맞추기도 해야 하고
의견이 안 맞아 부딪치기도 합니다.
그래서 혼자가 더 편할 때도 있습니다.

그런데 언제부턴가
동역자를 찾기 시작했습니다.

"주님, 저와 함께할 사람을 붙여주세요!"

물론 함께하는 사람과 부딪칠 수 있습니다.
하지만 오히려 서로에게 좋은 자극이 되어
부족한 부분을 채워갈 큰 힘이 되기도 합니다.

개인주의는 점점 강해지고
1인 문화의 시대가 열린다지만
더 모이기 힘쓰며
합력하여 선을 이뤄가는 이들이
많아지길 소망합니다.

우리가 알거니와 하나님을 사랑하는 자
곧 그의 뜻대로 부르심을 입은 자들에게는
모든 것이 합력하여 선을 이루느니라

로마서 8:28

하나님을 사랑하는 자
곧 그의 뜻대로 부르심을 입은 자들에게는
모든 것이 합력하여 선을 이루느니라

로마서 8장 28절

함께 나누는 은혜

비가 오고 태풍도 온다는데
친구와 한 약속을 취소할까
잠시 고민했습니다.
하지만 지금이 아니면 또 언제 만날까 싶어
빗길에 한 시간 반 거리를 운전해서 갔습니다.

친구가 고향에 내려간 뒤로
연락이 뜸해져 언제 만났는지도
잘 기억나지 않았습니다.

고향으로 가기 전에 힘들어하던
모습이 마지막이었는데
오랜만에 만난 친구 얼굴이 밝았습니다.

"지금도 문제가 다 사라진 건 아니지만
근심이 기쁨으로 바뀐다는 말이
무슨 뜻인지 알겠어."

친구의 진심 어린 고백에
저도 기뻤습니다.
정말 하나님이 일하셨고
지금도 일하심이 느껴졌습니다.

내가 그들의 슬픔을 기쁨으로 바꾸어놓고,
그들을 위로하여주겠다.
그들이 근심에서 벗어나서 기뻐할 것이다.
예레미야 31:13

함께 슬픔을 아파하고
함께 기쁨을 나눌 친구가 있다는 것,
특히 교회에서 만나기 어려워져도
의무가 아닌 사랑으로 만날 수 있다는 게
얼마나 감사한지 모릅니다.

아름다운 하모니

믿음의 분량대로 각기 받은 은사대로
모든 것이 다를지라도
그리스도 안에서 한 몸이 되어갑니다.

나와는 다르지만 내게 없는
다른 이의 은사가 더해지고
우리에게 없는 또 다른 은사가 더해져
가장 아름다운 한 몸을 이룹니다.

그리스도 안에서 '다름'은
불협화음이 아닌 아름다운 하모니를 이룹니다.

우리가 한 몸에 많은 지체를 가졌으나
모든 지체가 같은 기능을 가진 것이 아니니
이와 같이 우리 많은 사람이
그리스도 안에서 한 몸이 되어 서로 지체가 되었느니라
로마서 12:4,5

사실 내 것이 아닙니다

지난해 말, 다시 인도에 가게 되었습니다.
누구도 가라고 한 적은 없습니다.

그냥 안 가면 그만인데
정말 많이 고민했습니다.

이 결정을 두고 하나님께 더 묻고 싶었습니다.
사람들에게 물으면 얼마 전에 가지 않았느냐며
말리는 쪽이 많았지요.

선교를 가면 몸은 힘들어도
은혜의 자리이기에 좋을 것은 알지만
왜 가야 하는지 확신이 서지 않아서
신청해놓고도 계속 고민했습니다.

가지 않을 핑계는 많았습니다.
그렇지만 제 뜻이 아닌 말씀에서 찾고 싶었습니다.

성경을 읽고 말씀 영상을 듣다가
많은 선교사님을 오래 후원해온
한 기업가의 간증에서
내 마음에 가려져 있던 한 단어가 떠올랐습니다.

'청지기'

제 고민의 이유가 시간과 물질과 체력의 문제라면
더 이상 고민할 필요가 없었습니다.
내가 가진 모든 게
내 것이 아니기 때문입니다.
그런 고백을 하고 나니
인도에 가지 않을 이유도 사라졌습니다.

주께서 이르시되 지혜 있고 진실한 청지기가 되어 주인에게
그 집 종들을 맡아 때를 따라 양식을 나누어줄 자가 누구냐
누가복음 12:42

이 땅의 청지기로 살아갑니다

흘러감의 통로

신실하신 하나님을 경험했습니다.
인도 선교를 준비하면서
작은 섬김을 받았습니다.
선교비 일부를 더 내야 하는데
지난번 작업비를 제때 받지 못해서
재정이 채워지길 기다리고 있었지요.

한 친구에게 후원을 받고
또 다른 동역자가
하나님이 흘려보내라는 마음을 주셨다며
재정을 보내주었습니다.

부족한 금액이 정확히 채워지는 것을 보면서
"주님이 하셨습니다"라고
고백할 수밖에 없었습니다.

주는 사람도 받는 사람도
하나님의 선하심을 느꼈지요.

저도 그런 통로가 되어
하나님의 계획에 동참하는
기쁨을 누리고 싶습니다.

흘러감의 통로

이 생명이 흘러갈 수 있도록
그 통로가 되어주겠니?

단단한 세 겹줄

허물없이 지내는 친구가 아닌
삶을 나누는 동역자로부터
마음이 담긴 편지와 선교 후원금을 받았습니다.
이 감동을 어찌 다 표현할 수 있을까요.
특히 봉투 겉면에 써 있던 글귀가 기억에 남습니다.

"하나님의 나라는 우리가 세우는 것이 아니라
하나님 그분 자신이 하나님나라를 세우고 계신다.
우리는 그저 하나님의 나라를 세우는 일에
참여할 수 있는 특권을 위해 기도할 뿐이다(프란시스 쉐퍼)."

선교지에서 어떤 마음으로 지내야 할지
정리해주는 글귀였습니다.
저는 그저 하나님나라를 세우는 일에
참여하는 특권을 누리러 가는 거였습니다.

동역자와 나눈 마음을 가지고
정말 기쁨으로 다녀올 수 있을 것 같았지요.

혼자 싸우면 지지만,
둘이 힘을 합하면 적에게 맞설 수 있다.
세 겹줄은 쉽게 끊어지지 않는다.
전도서 4:12

마음으로 함께하는 동역자가 있기에
더 이상 혼자 싸우지 않게 되었습니다.
끊어지지 않는 단단한 세 겹줄이 되어
가는 길이 즐겁습니다.

선교지로 출발하기 보름 전,
제게 주신 하나님의 말씀입니다.

그러므로 너희는 이렇게 기도하여라.
하늘에 계신 우리 아버지, 그 이름을 거룩하게 하여주시며,
그 나라를 오게 하여주시며, 그 뜻을 하늘에서 이루심같이,
땅에서도 이루어주십시오.
마태복음 6:9,10

제 기도 제목은 하나님나라가
제가 밟는 땅에서 이루어지는 것입니다.
그 땅에 하나님나라가 세워지길 기도합니다.

한 사람이면 패하겠거니와
두 사람이면 맞설 수 있나니
세 겹줄은 쉽게 끊어지지 아니하느니라
전도서 4장 12절

여호와 닛시

모세가 여호수아에게 이르되
우리를 위하여 사람들을 택하여 나가서 아말렉과 싸우라
내일 내가 하나님의 지팡이를 손에 잡고 산꼭대기에 서리라
출애굽기 17:9

아말렉 전투에서 모세는 아론과 훌과 함께
말씀대로 산꼭대기에서 기도합니다.
전쟁은 땅에서 치르고 있었지만
그 결과는 산꼭대기에서 드린
기도에 따라 달라졌습니다.

우리가 이 땅에서 고군분투하며 싸워 이기는 것 같지만
전쟁의 승리는 하늘에 달려 있습니다.
우리는 눈에 보이는 싸움이 아닌
영적 전쟁에서 싸워 이겨야 합니다.

전쟁은 우리에게 속한 것이 아니고
하나님께 속한 것이니
이미 이기신 주님을 찬양하는 것입니다.

인도 학생들의 크리스마스 행사를 앞두고
간절히 기도했습니다.
며칠째 해가 뜨지 않는 안개 자욱한 그곳에
태양이 떠올라 아이들 부모님의 마음까지
따뜻하게 비추기를요.

수많은 종교의 신이 아닌
한 분 하나님의 사랑이 흘러가길 바라면서.

크리스마스 행사에 많은 부모님들이 오셔서
아이들이 준비한 공연을 함께 보는데
갑자기 하늘에서 빗방울이 떨어졌습니다.

공연은 이제 막 시작했고
야외무대에는 비를 막을 천막 하나 없었습니다.
우리가 할 수 있는 건 아무것도 없었습니다.
그러나 그때 전날 선포한 말씀이 떠올랐습니다.

'산꼭대기에서 드리는 기도'

말씀을 붙들고 간절히 기도했지요.
우리가 아무리 애써 준비했어도
비가 오면 방법이 없었습니다.

우리의 기도가 하늘에 닿았는지
잠시 후 빗방울이 멈추고 해가 나기 시작했어요.

누군가에게는 우연일 수 있지만
말씀을 받은 이에게는 하나님이 행하신 일이었지요.
이 일을 통해 우리의 연약함과
하나님의 전능하심을 보았습니다.

또 여호와의 구원하심이 칼과 창에 있지 아니함을
이 무리에게 알게 하리라
전쟁은 여호와께 속한 것인즉 그가 너희를 우리 손에 넘기시리라
사무엘상 17:47

'여호와 닛시'(출 17:15).
승리의 하나님이십니다.
여호와께서 싸우실 것입니다.
우리의 힘과 능력이 아닌
하나님의 방법대로 이루심을 보았기에
우리는 이미 승리하신 하나님을
찬양하며 나아갈 것입니다.

은혜 아니면 살 수 없습니다

사실 단기선교는 선교사님들이
선교지에서 겪는 치열한 싸움을 경험하기보다
짧은 기간 동안 좋은 것만 보고 오는
시간이기도 합니다.

선교사가 되려고 준비하는 한 지체가 말했어요.

"이런 달콤한 은혜를 알기에
단기선교를 준비하는 데 주저함이 있었어요."

이 말이 백번 이해가 되면서,
마냥 행복하기만 한 제 마음을 돌아봤습니다.

'내게 단기선교가 주는 달콤함은 무엇인가?'

그것은 주의 말씀의 맛과 같고
다시 찾게 되는 주님의 은혜와도 같았습니다.

주의 말씀의 맛이 내게 어찌 그리 단지요
내 입에 꿀보다 더 다니이다
시편 119:103

고난 없이 달콤함만 있다면 잘못이겠지만
그 달콤함을 맛본 자는 어떤 어려움이 있어도
은혜를 좇을 것입니다.

아무리 짧은 기간일지라도 선교지에서
어렵고 힘든 일은 항상 있습니다.
하지만 또다시 그곳에 가는 이유는
넘치는 은혜가 있기 때문입니다.

인도에서 단기선교를 하는 동안
많은 지체가 작은 천국을 누리는 것 같다고 했습니다.

주님은 치열한 영적 싸움에서
승리의 하나님을 미리 경험하게 하셨지요.
앞으로 다가올 고난을 두려워하기보다
이미 누리고 온 천국과
그분의 승리를 알게 하셨습니다.

각자 일터로 돌아가서도
승리할 그날을 바라보며
은혜를 붙잡겠다고 다짐합니다.
우리는 은혜 아니면
하루도 살 수 없기 때문이지요.

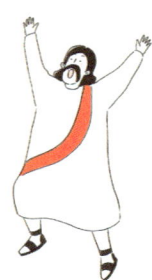

여호와 넛시

시온아 여호와는 영원히 다스리시고
네 하나님은 대대로 통치하시리로다 할렐루야
시편 146편 10절

무릎으로 가는 나라

하나님나라가
이 땅에 임하길 기도합니다.

언어와 문화가 다른 지역에 가서
복음을 전하는 선교.
그러나 단순히 그 땅을 밟는다고 해서
다 같은 선교는 아닙니다.
내가 밟는 그 땅에 하나님나라가 임하는 게
진정한 의미의 선교일 것입니다.

모든 사람이 선교지에 갈 수는 없지만
누구든지 기도로
그 땅에 가장 먼저 갈 수 있고,
또 가장 깊은 곳까지 닿을 수 있습니다.

기도의 부흥 없이는
선교의 부흥도 없습니다.
그렇기에 무릎으로 먼저
그 땅에 닿길 소망합니다.

무릎으로 가는 그 나라,
기도의 부흥이 선교지의 부흥이 됩니다.

무릎으로 가는 나라
하나님의 나라가 이 땅에 임하길 기도합니다

영원한 것과 헛된 것

수많은 선교사님의 이야기를 들었습니다.
영국, 네팔, 몽골, 중국, 이스라엘,
한국인 선교사는 최초라는 아프리카 오지까지.
누구도 쉽게 가지 않는 그 땅에서
언어와 문화, 피부색이 다른 이들과
함께 살아가는 이야기.

그들의 삶에는 은혜가 있었지만
어려움도 참 많았습니다.
그들이 그렇게 살아가는 이유는
하늘나라의 영광을 보았기 때문입니다.
언젠가 썩어 없어질 세상의 것이 아닌,
영원한 나라의 참된 가치를 알아버렸기 때문입니다.
그러자 그 땅에 눈이 멀어버렸습니다.

이야기를 들으며 은혜가 되었지만
막상 나는 아니길 바라는 마음이 있었습니다.

저는 아직 세상의 헛된 영광에 눈이 가려져
하늘 영광을 제대로 볼 수 없었습니다.

그러나 지금 감히 고백하기는,
이 땅의 것이 아닌 하늘나라의 영광을 보는
삶을 살고 싶습니다.

세상의 것을 보지 못하는 당신,
주님의 얼굴만 볼 수 있어서 부럽습니다.
세상의 소리를 듣지 못하는 당신,
주님의 목소리만 들을 수 있어서 부럽습니다.

이렇게 부럽다가도
막상 세상에 눈을 감고 귀를 닫으려니
두려움이 몰려옵니다.

사랑하는 사람의 얼굴을 볼 수 없을까 봐,
평범한 일상의 소리를 빼앗길까 봐.

이 땅에 눈이 멀고 귀가 닫혀도
주님만 볼 수 있다면 족하다는
그들의 고백 앞에서 저는 두려움에
멀찍이 바라보고만 있었습니다.

이것은 사랑만이 해결할 수 있습니다.
눈이 멀어도 사랑은 사라지지 않습니다.
내 안의 겨자씨만 한 두려움까지도
주님의 빛이 비춰 사랑으로 완전해질 때,
이 땅의 것에 마음 두지 않는 삶을 살고 싶다고
고백할 수 있을 것 같습니다.

하늘나라의 영광을 보았기 때문에
이 땅에 눈이 멀어버렸습니다

네 힘을 빼렴

하나님은 내가 '어떤 일을 하는가'보다는
내가 '그 일을 왜 하는지'에 더 관심을 두십니다.
겉으로 좋아 보여도
주님은 겉모양이 아닌
우리 마음을 살피십니다.

한때 아이들을 가르치는 게 어렵기도 하고
그들 내면의 상처를 보면서
그 상처까지 보듬어주고 싶은 마음이 들었습니다.

그래서 미술 심리치료를 배워보려 했는데
수업을 시작하는 날이
교회 복음학교 시작과 겹쳤습니다.

저는 당연히 미술 치료 수업을 들으려고 했지만
주님은 복음 앞에 저를 세우셨습니다.
제게 필요한 것이 복음이었나 봅니다.

제가 먼저 복음 앞에 서서 말씀으로
아이들을 가르치는 게 더 중요했습니다.
미술 치료라는 틀 안에서 아이들을 바라보기보다
한 영혼을 주님의 마음으로 바라보라고 하셨습니다.

'한 영혼'

그 아이의 모든 것을 아시는 주님께 묻고
주님이 부어주시는 마음으로
바라보는 것입니다.

그러자 어느 순간 미술 치료를
배우고 싶다는 갈망이 사라졌습니다.
생각해 보니 아이들에게 끌려가는
제 부족함을 보면서
배우면 더 잘할 수 있을 거라는
제 안의 '의'(義)가 있었습니다.

지금은 제 시선이 상황과 환경보다는
주님을 향해 조금 돌아선 것 같아요.
내 힘을 빼고 주님의 일하심으로
살도록 멈추게 하신 것 같습니다.

언젠가 전문성이 더 필요하다면
공부의 길도 열어주시겠지만,
지금 제게 주신 마음은
미술 치료보다는 '말씀이 먼저'라는 것입니다.
제 삶에 주님이 주인 되셔서
그분과의 동행이 먼저임을 깨닫게 되었지요.

제 힘으로 하려는 마음을 이미 아신 주님은
겉으로 좋아 보이는 일을 멈추게 하시고
말씀에 힘입게 하셨습니다.

하나님은 내가 어떤 일을 하는가 보다는
그 일을 왜 하는지에 더 관심이 있으십니다

내 힘으로 하려는 마음을 이미 아신 주님은
겉보기에 좋아 보이는 일을 멈추시고
<mark>말씀에 힘입게 하셨습니다</mark>

친밀한 관계

기억에 남는 예화가 있습니다.

"저는 김연아 선수를 잘 압니다.
그렇다고 해서 김연아 선수와
친하다고 할 수는 없습니다.
개인적인 친분이 없으니까요.
우리가 예수님과 이런 관계여서는 안 됩니다.
그냥 멀찍이 떨어져 성경 속 예수님으로만
남아서는 안 된다는 것입니다."

예수님을 안다는 것은
예수님을 실제로 만난 것입니다.
그런데 예수님을 만난 것과
그분의 사랑을 실제로 경험하는 건
전혀 다른 이야기입니다.

우리가 할 수 있는 최소한의 노력은
예수님을 만나려고 하는 것입니다.

주님을 더 알고 싶은 마음에
날마다 말씀을 읽고 예수께 나아가
그분이 어떤 분이고,
어떤 마음이신지 따라가봅니다.

예수님과 진짜 친밀한 관계

예수님을 아는 것과
예수님의 사랑을
직접 경험하고 사는 것은
전혀 다르답니다

기억, 흘러가는 구름

사람의 기억에는 한계가 있습니다.
시간이 지나면 어렴풋한 모양만 아른거릴 뿐
흩어져 사라지는 구름과 같지요.

그래서 생각이나 기억을 잘 기록해두면
필요할 때마다 꺼내볼 수 있습니다.
제게는 받은 은혜를 적어두는 노트가 있습니다.

'무엇을 기억해야 할까?
어떤 것을 기록해뒀을까?'

오랜만에 그 노트를 꺼내보았습니다.
그리고 예수님의 손을 마음으로 펼쳐봅니다.

예수님의 손과 발에 깊이 새겨진 흔적이
어떤 문자보다도 그 은혜를 잊지 않도록
기억하게 해줍니다.

양손의 못 자국, 두 발의 못 자국의 흔적을
제 마음에도 깊이 새겨 기억합니다.

이 못 자국은 내가 너를 사랑하는 증거란다.
내 사랑을 기억해주겠니?

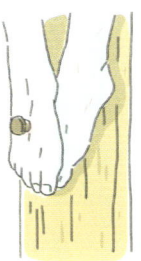

사람의 기억에는 한계가 있습니다

시간이 지나면 어렴풋한 모양만 아른거릴 뿐
흩어져 사라지는 구름과 같습니다

그렇기에 생각이나 기억을 문자로 기록해두면
잊지 않고 필요할 때마다 꺼내볼 수 있습니다

무엇을 기억해야 할까?
어떤 것을 기록해두었을까?

받은 은혜를 적어둔
노트를 꺼내 보았습니다

그러다 문득 마음으로 예수님의 손을 펼쳐봅니다

어떤 문자보다도
예수님의 손과 발에 깊이 새겨진 흔적이
 그 은혜를 잊지 않도록 기억하게 해줍니다

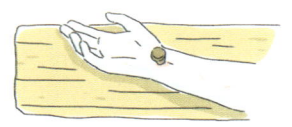

그 손의 못 자국
　두 발의 못 자국의 흔적

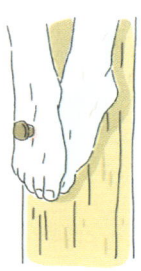

내 마음에도 깊이 새겨
　기억합니다

삶의 예배

우리는 주일에 이렇게 인사하곤 합니다.

"은혜로운 주일 되세요."
"은혜 많이 받으세요."

다들 은혜 가득한 주일 보내셨나요?
그렇게 받은 은혜는
이제 어디를 향하나요?

다시 삶의 자리로 나아갑니다.
주일에 가득 채운 은혜로
삶의 자리에서 예배하며 믿음으로 살아봅니다.

모든 순간 영과 진리로 예배하며 살기를.

주일에 은혜로 가득 채우고
이제 삶에서 드리는
예배의 자리로 나아갑니다

재미가 아니라 기쁨

직장생활이 너무 재미없다던 한 지체가
여전히 일은 지루하지만
그곳에서 하나님의 뜻을 발견했다고 고백했어요.
이렇듯 지금 하는 일이 내 생각과 다르게
힘들고 재미없을 수 있습니다.

그런데 크리스천은 직장에서 '재미'가 아니라
'기쁨'을 찾아야 합니다.

외부에서 오는 즐거움과 만족은
상황이 변하면 함께 사라집니다.
하지만 내 안에 계신 변함없는 주님을 바라보면
환경이 어떻든지 그곳이 예수님을 만나는
자리가 되어 기쁨으로 채워질 것입니다.

직장에서뿐만 아니라
삶의 모든 순간 기쁨을 발견한다면
지금 있는 그 자리가 은혜의 자리가 될 거예요.

크리스천은 직장, 일터, 삶에서
재미를 찾는 것이 아니라
기쁨을 찾습니다

기도 제목

'무엇을 기도해야 할까?'

특별히 구해서 응답받아야 할
기도 제목이 없다고 생각했습니다.
어느 선교사님의 간증을 들으며
그 분이 하나님을 만나고
그 길을 걸어가는 모든 과정이
너무 행복해 보였습니다.

감기 바이러스가 몸에 들어오면
우리 안에 증상이 생기듯
예수 그리스도가 내 안에 들어오시면
뚜렷한 증상이 나타나야 합니다.
예수님을 더욱 사랑하게 되고,
성경이 더 읽고 싶고,
그분을 더 알고 싶은 게 당연합니다.

행복해 보이는 선교사님을 보며
제 모습을 돌아보았습니다.

'사람들을 섬기고 주일학교 교사를 하면서
정말 기쁨으로 했을까?
아니면 의무감으로 했을까?'

선교사님은 먼저 은혜를 많이 받으라고 하셨습니다.
주는 것도 중요하지만
내가 먼저 주님의 사랑과 은혜를 받아야 한다고.
그리고 기도는 내 유익보다
아버지의 영광을 위한 것이어야 한다고.

하나님의 영광을 위해
내게 은혜가 부어져야 합니다.
내 영이 기쁘면 하나님도 기쁘실 것입니다.

나는 다시 기쁨으로
주님의 일을 할 것입니다.
그 기쁨은 곧 아버지의 영광이 되고
내가 살아가는 이유가 됩니다.

그래서 제 기도 제목은
'하나님의 은혜로 가득 채워지는 것'이 되었습니다.
주님의 은혜를 부어달라는 기도가
간절히 흘러나왔습니다.
주님을 더욱 바라보는 것이
기도 제목이 되었습니다.

하나님의 큰 그림

새로운 사람들을 만나 이야기를 나누는데
제가 아는 분들과 연결되어 있었습니다.
사람과의 관계뿐만 아니라 제가 하는 모든 일도
연결되어 있음을 느낍니다.

몇 년 전, 계획한 일이 무산되고
무엇을 해야 할지 몰라 방황할 때
친구의 추천으로 지역아동센터에서
아이들을 가르쳤습니다.
전에 학원에서 잠깐 일한 경험이 도움이 되었지만
그곳의 특수성을 감당하기가 어려웠습니다.

주일학교 교사로 섬기며
아이들을 더 알게 되고
우연한 기회에 다시 지역아동센터에 가게 되었습니다.
그리고 지난 경험이 저를
더 단단하게 해준 것을 느꼈습니다.

저는 계획한 적이 없지만
작은 경험이 모여 더 큰일을 하게 해주었지요.

하나님의 일하심에는 일회성이 없습니다.
사람과의 만남도, 내가 하는 일도
모두 연결되어
땅에 떨어지는 것이 하나도 없습니다.

그래서 오늘 내게 맡겨진 일에
전심을 다해야 합니다.
내가 만나는 사람, 내가 하는 모든 일이
다시 이어져 새로운 일이 시작되기 때문이지요.

하나님의 일은 계속 이어집니다

내가 만난 사람, 내가 한 모든 일이
다시 이어져 새로운 일이 시작됩니다

축복의 통로

하나님의 복은
문제 해결이라는 응답을 넘어
하나님과의 교제입니다.

아브라함에게 복을 주셨고
그를 통해 이방 민족에게 복이 흘러갔듯
축복의 사람은 복이 흘러가는
통로가 되는 사람입니다.

가지인 우리는 나무이신 주님에게 딱 붙어
꽃을 피우고 열매 맺는 삶이
축복받은 인생입니다.

나를 통해 하나님의 복이 흘러가길,
내가 밟는 그 땅에 생명이 살아나길,
우리 모두 축복의 인생이 되길 소망합니다.

축복의 삶이란 내게 딱 붙어
꽃을 피우고 열매 맺는 삶이란다
네가 나의 축복의 통로가 되어주렴

감사의 이유

어제도 감사.
오늘도 감사.
내일도 감사.

제 감사의 이유는
오직 예수 그리스도입니다.

오늘 하루도 고생 많았다

초판 1쇄 발행	2020년 9월 23일
초판 6쇄 발행	2023년 2월 10일
지은이	이화하하
펴낸이	여진구
책임편집	김아진 정아혜
편집	이영주 박소영 최현수 안수경 김도연
책임디자인	마영애 ǀ 노지현 조은혜 이하은
홍보 · 외서	진효지
마케팅	김상순 강성민 허병용
마케팅지원	최영배 정나영
제작	조영석
경영지원	김혜경 김경희 이지수

303비전성경암송학교 박정숙
이슬비전도학교 / 303비전성경암송학교 / 303비전꿈나무장학회

펴낸곳 규장

주소 06770 서울시 서초구 매헌로 16길 20(양재2동) 규장선교센터
전화 02)578-0003 팩스 02)578-7332
이메일 kyujang0691@gmail.com
페이스북 facebook.com/kyujangbook
카카오스토리 story.kakao.com/kyujangbook
홈페이지 www.kyujang.com
인스타그램 instagram.com/kyujang_com
등록일 1978.8.14. 제1-22

ⓒ 저자와의 협약 아래 인지는 생략되었습니다.
이 출판물은 저작권법에 의해 보호를 받는 저작물이므로 무단 전재와 무단 복제를 할 수 없습니다.

책값 뒤표지에 있습니다.
ISBN 979-11-6504-136-6 03230

규 ǀ 장 ǀ 수 ǀ 칙

1. 기도로 기획하고 기도로 제작한다.
2. 오직 그리스도의 성품을 사모하는 독자가 원하고 필요로 하는 책만을 출판한다.
3. 한 활자 한 문장에 온 정성을 쏟는다.
4. 성실과 정확을 생명으로 삼고 일한다.
5. 긍정적이며 적극적인 신앙과 신행일치에의 안내자의 사명을 다한다.
6. 충고와 조언을 항상 감사로 경청한다.
7. 지상목표는 문서선교에 있다.

하나님을 사랑하는 자 곧 그의 뜻대로 부르심을 입은 자들에게는 모든 것이 合力하여 善을 이루느니라 (롬 8:28)

규장은 문서를 통해 복음전파와 신앙교육에 주력하는 국제적 출판사들의
협의체인 복음주의출판협회(E.C.P.A:Evangelical Christian Publishers
Association)의 출판정신에 동참하는 회원(Associate Member)입니다.